斷想

권성열 에세이

斷想

권성열 에세이

초 판 1 쇄 2024년 1월 25일
지 은 이 권성열
펴 낸 곳 국제예술기획

출판등록 제 2021-000073호
이 메 일 lunapiena7@naver.com
인 쇄 도담프린팅

979-11-986260-0-4

값 16,800원

이 도서의 국립중앙도서관 출판예정도서목록(CIP)은 서지정보유통지원시스템 홈페이지(http://seoji.nl.go.kr)와 국가자료공동목록시스템(http://www.nl.go.kr/kolisnet)에서 이용하실 수 있습니다.

斷想

권성열 지음

K 국제예술기획

희망이란 본래 있다고도 할 수 없고 없다고도 할 수 없다.

그것은 마치 땅 위의 길과 같은 것이다.

본래 땅 위에는 길이 없었다.

걸어가는 사람이 많아지면 그것이 곧 길이 되는 것이다.

-노신(魯迅, 1881~1936)의 〈고향〉 중에서-

CONTENTS

CONTENTS

제3막

나의 삶 3: 국익과 정치 215

프롤로그

세 달이면 원고를 끝내고 늦어도 여섯 달이면 책이 나올 줄 알았다. 마음을 다잡아 글을 쓰기 시작했지만 글은 잘 써지지 않았다. 매일 매일 써야한다는 부담감과 쓴 글을 읽으면서 드는 작은 후회로 2년을 보냈다.

나의 인생에서 가슴과 머리에 남겨진 것 모든 것들을 적어 나가는 일은 쉬운 일이 아니었다. 대학 졸업반 학생들이 4페이지 자기소개서를 쓰면서 힘들어 할 때도 나는 '뭐가 그리 힘들까'하고 학생들의 빈곤한 문장력을 아쉬워하곤 했다. 지금 생각해보니, 내가 그들의 문장력을 아쉬워 할 일이 아니었다. 게다가 보잘 것 없는 한 인간의 에세이라고 해도 한 줄 한 줄 써내려갈 때마다 잡초처럼 솟아나는 옛 추억에 빠져들어 펜을 놓기도 했다.

올해도 글을 써 내려가면서 하나하나 내 인생을 톺아보았다. 누구나 그렇겠지만, 돌아보면 과거는 후회만 가득하고 미래는 불안으로 가득하다. 따라서 이 책은 후회와 불안으로 가득한 나의 회고록이자, 자기소개서이자, 반성문이다. 동시에 미래를 더욱 진지하고 열심히 살아야겠다는 나와의 서약서이기도 하다. 반만년 역사를 지닌 대한민국이 다시 이 세상에 빛이 되어 어둠을 밝히는 날이 올 때까지 나부터 노력하겠다는 '작은 다짐'도 해본다.

이 책을 출판하는데 지지와 성원을 보내주시고 염려 해주신 모든 분들께 진심으로 머리 숙여 감사를 표한다. 이 고마운 분들이 없었다면 이 책은 어디까지나 아이디어, 혹은 기획 수준에 머물러 빛을 보지 못했다. 이 책이 이렇게 아름답게 엮여져 세상에 나오게 된 것은 나의 글이 아니라 그 분들의 열정과 노력의 결과임을 분명히 밝힌다. 그리고 책에서 나의 표현으로 혹 불쾌했거나 불편함을 느끼신 분이 계시다면 그것은 오로지 나의 부족한 공부와 표현력 때문이니 미리 용서를 구한다. 어지러운 글이지만 글을 통해 내가 생각하는 현재의 문제를 함께 고민해봤으면 하는 소망도 있다.

다시 한 번 나를 가르쳐 주시고 지도해 주신 훌륭하신 선생님들, 선배님들, 후배님들, 그리고 나의 벗님들, 그리고 출판사에 감사와 경의를 표한다.

2024년 1월 어느 날,

별 좋은 연구실에서 권성열 씀

제1막

나의 삶 1:
내가 배운 것들

"성공은 '할 수 있다' 라고 말하는 자를 찾아오고,

실패는 '할 수 없다' 라고 말하는 자를 찾아온다."

- 샤를 드골(Charles De Gaulle) -

맹모삼천지교(孟母三遷之敎)

孟 : 맏 맹, 母 : 어머니 모, 三 : 석 삼, 遷 : 옮길 천,
之 : 갈 지, 敎 : 가르칠 교

맹자 어머니가 자녀 교육을 위해 세 번씩 이사함.
어머니의 지극한 교육열을 의미.

맹모단기(孟母斷機)

孟 : 맏 맹, 母 : 어머니 모, 斷 : 끊을 단, 機 : 틀 기

맹자의 어머니가 베를 끊음.

아마 맹자의 어머니는 후세들이 가장 많이 인용하는 현명한 어머니일 것이다. 맹자는 어려서 아버지를 여의고 홀어머니 아래에서 자랐다. 맹자의 어머니는 불우하고 넉넉지 못한 가정환경이지만 항상 맹자에게 최선의 교육을 시켰다.

맹자의 집은 공동묘지 근처에 있었는데, 맹자는 날마다 상여놀이나 장례를 지내는 모습을 흉내 내며 놀았다. 이에 놀란 맹자 어머니는 다른 곳으로 이사했다. 그런데 이사한 동네 또한 시장 근처여서 맹자는 날마다 장사놀이를 했다. 그러자 어머니는 다시 서

당 부근으로 이사했고 아들 맹자는 공부에 전념할 수 있었다. 맹모삼천지교(孟母三遷之教)다.

우리는 맹자 어머니의 결론적인 부분만을 가지고 흉내내려 하는지도 모른다. 눈에 넣어도 안 아프고, 물고 빨고 해도 부족한 아들에 대한 사랑과 교육 사이에서 맹자 어머니의 여러 일화는 오늘날까지 우리 어머니들에게 지혜롭고 현명함의 대명사로 인식된다.

그런데 맹자가 지금도 추앙받는 사상가가 된 데에는 서당 공부뿐 아니라 자기가 사는 곳에서 인생의 이치를 알았기 때문이 아닐까. 아마 맹자는 공동묘지 근처에 살면서, 부자든 가난한 자든, 권력이 있건 없건 누구나 다 죽음 앞에 공평하다는 사실을 알게 되었을 것이다. 시장에서는 상부상조의 연대의식, 시장경제의 실리주의, 경쟁과 경영의 차이 등 반복되는 인간 군상의 치열한 삶의 이치를 깨달을 것이다. 맹자가 글방 근처로 이사가 책상머리로 공부했기 때문에 훌륭한 현자가 된 것이 아니라, 앞서 이 곳 저 곳 세상을 경험하며 학습을 한 결과가 아닐까. 맹자의 어머니가 자식을 위해 세 번이나 이사를 한 이유도 여기에 있지 않았을까?

맹모단기(孟母斷機)는 맹자 어머니가 베틀의 날실을 끊어버렸다는 일화를 이야기한다. 이 고사를 맹모단기지교(孟母斷機之教)라고도 한다. 집을 떠나 공부하던 어린 맹자는 공부보다 어머니가 보고 싶어 그만 집으로 돌아와 버렸다. 어머니는 자식을 보고 반

가움으로 꼭 껴안지 않고 자초지종을 물었다. 어머니는 자식의 이야기를 다 듣고 칼로 베틀의 날실을 끊으면서 말했다.

"공부를 하다 말고 그만두면 베틀의 날실을 끊어 버리는 것과 다른 게 뭐냐?"

맹자는 강인한 어머니의 기에 눌려 아무런 소리도 못 하고 곧바로 학업의 길로 다시 돌아갔다고 한다. 그렇다고 맹자의 어머니가 따뜻함이 없던 것은 전혀 아니었다고 한다.

옆집에서 소란한 소리가 들리고는 이내 조용해지더니 고기 굽는 냄새가 진동하기 시작했다. 무슨 일이 있냐고 묻는 아들에게 별 생각 없이 맹자 어머니는 '너를 먹이려고'라고 대답을 한다. 맹자의 어머니는 이내 자신이 한 말을 후회했다고 한다. 맹자 어머니는 빠듯한 살림에도 이내 시장에 가서 돼지고기를 사왔다고 한다. 사소한 거짓말이 불신을 만들 수 있다는 생각에서다.

대학 입시가 점점 힘들어 진다고 한다. 그러다보니 입시 설명회에 어머니들의 눈빛이 장난이 아니다. 어머니의 교육으로 맹자는 대철학가이자 대사상가가 될 수 있었다. 맹자 어머니의 결과와 행동을 따라 하기보다는 그녀의 생각을 답습하면 얼마나 좋을까. 맹자 어머니의 열정과 사랑이 면에 감추어진 따뜻한 인성을 먼저 생각하는 강인함 말이다.

맹모삼천지교를 생각하면 부모님이 생각나고, 또 하나의 미완의 기억이 떠오른다.

1.
미완(未完)의 기억과 자이가르닉 효과

- 천자문, 보이스카우트 선서, 조기 유학이 기억에 남는 이유 -

나의 어린 시절, 나의 기억 첫 번째 페이지는 작은 상(床)이다.

제사 때 향로를 얹어 놓는 작은 상인데, 이걸 펼치면 접어서 보관하는 다른 상보다 키가 작다. 짙은 자주색의 이 작은 상이 눈에 들어온다. 그리고 기억나는 것은 큰 글자의 한자다. 아버지는 내가 어렸을 때 자주 말씀 하셨다.

"내가 너에게 한자를 가르쳤다. 네가 천자문을 세 살에 다 외어서 난 기대를 했는데 1년 만에 다 잊어 버려서 너에게 기대를 안 한다. 넌 '헛똑똑'이다."

세 살짜리가 천자문을 다 뗐다. 그런데 그 어린 아이가 무슨 한자를 일상생활에 사용한다는 건가. 신문을 보는 것도 아니고 안 쓰면 잊히는 게 당연할 텐데. 어쨌든 나의 기억의 첫 장은 한자들이다.

아버지 당신 나이 50세에 본 아들이니 얼마나 예쁘셨을까. 세 살 때 천자문 공부를 강요(?) 받을 정도로 아버지는 나의 교육에 급하셨다. 내 기억에 어느 보슬비 내리던 날, 집에서 멀지 않은 초등학교 운동장을 걸어 지나고 있는 것이 기억이 난다. 그리곤 나는 바로 일곱 살 때 초등학교에 입학했다. 1년 이상 일찍 청강생으로 들어가지만, 만약 다른 학생들에 비해 떨어지게 되면 그만두고 1년 후에 다시 입학하기로 하고 임시 입학을 허가 받고 학교를 가게 되었다. 아버지, 그 근엄하신 분이 나의 중학교, 고등학교 입학 때에는 나와 같이 학교에 가셨다.

초등 2학년 때에는 나의 희망인지 부모님 의지인지 잘 모르지만 보이스카우트 활동을 시작했다. 그때 윗옷 셔츠 단추와 바지 지퍼가 일직선이 되어야 옷을 바로 입는 것이라는 걸 깨달았다. 그리고 보이스카우트 선서를 하면서 명예가 무엇인지 알게 되었다.

"나는 나의 명예를 걸고 다음 조목을 굳게 지키겠습니다. 첫째 하느님과 나라를 위해 나의 의무를 다하겠습니다~."

보이스카우트 선서 앞 대목이다. 선서문은 지금도 바로 기억이 난다. 어린아이가 무슨 하느님과 나라에 대한 생각이나 개념이 있었을까. 그러나 이중에서 나의 의무라는 말은 그때부터 나에게 가장 중요한 생각으로, 나의 가슴과 머리에 깊숙이 새겨지게 되었다. 나의 의무, 내가 해야 될 일, 신과 국가에 대한 나의 의무, 내가 꼭 해야 하는 일이 있다는 것을 알게 되었다. 선서 둘째 조목은 "항상 다른 사람들을 잘 돕겠습니다", 셋째는 "보이스카우트의 규율을 잘 따르겠습니다"였다.

아이러니하게도 다른 사람을 돕겠다는 것, 그리고 규율을 잘 지키겠다는 선서는 지금까지 나의 인생에 큰 영향을 주고 있다.

초등 6학년 1학기에 서울 여의도에 있는 학교로 전학을 갔다. 그 당시에는 지방에 있는 초등학생이 서울로 이사하는, 이른바 '조기 유학'이 유행하던 시기였다. 내 교육에 큰 기대를 걸고 계시던 아버지 어머니께서 그냥 넘어 가실 리 없었다. 나도 초등학생 때 서울 유학을 하게 된 것이다.

여의도는 초등학교 중학교 고등학교가 나란히 붙어 있었는데, 6학년 이었던 나는 그 때 낯선 유학 생활을 하게 되었다. 여의도는 그때 서울에서도 중심지였고, 지방과는 큰 차이가 있었다. 인상 깊었던 것은 바로 슈퍼마켓이었다. 아파트 단지 앞에 여러 슈퍼마켓이 있었는데, 거기에는 생선과 고기들이 모두 하얀색 스티로폼

접시와 랩에 싸서 냉장고에 보관하고 팔고 있었는데 그게 지금도 기억이 남는다.

지금은 일반화됐지만 그 당시 어떤 친구의 집에서는 물(생수)을 사먹었는데, 그 때는 겨우 수돗물을 끓여 먹거나 보리차로 만들어 마시던 시기인지라 물을 사서 먹는다는 자체가 놀라웠다. 나는 수많은 기억들 중에서 왜 천자문, 보이스카우트 선서, 그리고 조기 유학과 생수가 떠올랐을까.

'자이가르닉 효과(Zeigarnik effect)'라는 게 있다. 어떤 일이 완결되지 않으면 긴장이나 불편한 마음이 지속돼 잔상이 오래 남는다. 우리가 첫사랑을 쉽게 잊지 못하듯 뭔가 완결되지 못한 일은 기억에 오래 남는다.

러시아의 심리학자 블루마 자이가르닉(Bluma Zeigarnik)은 어느 날 레스토랑에 앉아 식사를 기다리던 중 웨이터들이 어떻게 그 많은 주문을 헷갈리지 않게 척척 받아내는지 궁금해졌다. 계산을 마친 자이가르닉은 웨이터에게 조금 전 자신이 주문한 메뉴가 뭔지 아느냐고 물었다. 웨이터는 "전혀 기억이 나지 않는다"고 했다. 주문 처리 전에는, 즉 일을 끝내기 전에는 주문 내용을 계속 기억하려고 하지만, 주문이 끝나면 기억할 필요가 없어지기 때문에 기억하지 못하는 것이다. 끔찍한 재난이나 심리적 외상(트라우마)을 겪은 사람은 큰 충격을 받는다. 따라서 그 사건에 대한 기억이 완결되지 않아 다시 그 일이 반복해 일어나는 듯한 재경험을 하게 된다. 완결되지 않는 지난 기억으로 정신적 아픔을 겪는다는 면에서 일종의 자이가르닉 효과라고 할 수 있다. 흔히 드라마를 보다 보면 아주 극적인 장면에서 끝난다. 미완결된 드라마를 완결시켜야 한다는 생각에 시청자는 다음 회차의 드라마를 기다린다. 시청률을 상승시키려는 의도이다.

아버지 어머니에게 실망감을 준 천자문과 지금도 그 신조대로 살아야 한다고 생각하는 보이스카우트 선서, 그리고 결국 서울에 적응하지 못하고 고향으로 내려간 실패한(?) 조기 유학도 내가 완결하지 못한 불편한 마음 때문이었을까.

처음 프랑스 리옹 축구구장에 들어섰을 때 관객들의 우렁찬 함성과 야유에 깜짝 놀랐다. 내가 만약 상대 선수라면 도망가고 싶을 것 같았다. 그나마 원정 온 상대 선수들에게는 팬이 있다. 그 넓디넓은 축구장에서 독야청청 혼자인 사람은 심판이었다. 아무리 날 향한 비난의 소리가 들려도 묵묵히 뛰어다니는 심판의 모습이 상당히 인상적이었다.

가끔 무언가 아무도 날 이해해주지 않을 때는 축구심판을 생각한다. 동에 번쩍 서에 번쩍 뛰어다니지만 먹는 것은 욕뿐이라도 매번 그라운드에 서는 그들을. 그리고 힘을 낸다.

-영국 맨체스터 유나이티드의 홈그라운드인 올드 트래퍼드에서-

타산지석 (他山之石)

他 : 다를 타, 山 : 뫼 산, 之 : 어조사 지, 石 : 돌

비록 다른 산에서 나는 하찮은 돌일지라도 자신의 옥(玉)을 가는 데에 소용이 된다는 의미.

학창시절 학교 다니면서 가장 많이 들었던 이야기 중 하나가 '타산지석으로 삼으라'는 말이 아닐까. 직역하면 '다른 산의 돌'이란 뜻이지만, 다른 사람의 사소한 언행이나 실수라도 나에게는 커다란 교훈이나 도움이 될 수 있으니 모든 것을 주의하고 심사숙고하여 받아들여야 한다는 의미다. 옥석은 강도가 서로 다른 돌로 갈아야 한다. 그래서 같은 옥으로 갈지 못하고 돌멩이로 갈 수가 있다. 시경(詩經)을 보면 초야(草野)에 있는 어진 사람들을 데려다가 임금의 덕을 더욱 아름답게 만드는 재료로 삼으라는 학명(鶴鳴)이라는 시의 구절에서 유래한다.

'타산지석 가이공옥'(他山之石 可以攻玉: 다른 산의 못생긴 돌멩이라도 옥을 갈 수 있다!)인데, 이는 초야에 묻혀 있는 어진 사람들이 옥을 가는 데, 곧 나라의 기틀을 튼튼히 하는 데 유용하다고 말하는 시다. 그래서 더 나아가 자기만 못한 다른 사람의 말이나 행동이 자신의 학문과 덕을 닦는 좋은 참고가 될 수 있다는 의미로 이야기를 할 때에 자주 사용된다. 다른 이의 결점을 보며 주

의하고 보완하면서 성숙해지는 계기가 될 수 있기 때문이다. 그냥 버리지 말고 눈여겨 주의해서 보라는 선조들의 지혜가 담긴 '다른 산의 돌멩이'다. 그래서 나도 중고교 시절의 삶을 가끔 타산지석으로 삼기도 한다.

2.
절망 속에서 찾은 일상의 보물들

- 우울한 중고교 시절 나를 견디게 해준 것들 -

초등학교 6학년 때 서울 여의도로 유학을 가 초등학교 바로 옆 중학교로 진학했다. 나를 포함한 학생들 모두가 여의도에 거주하는 학생들이었다. 그때는 한 반에 50명가량이 있었는데 1학년 때 평균 90점을 맞으니 23등을 했다. 시골에서 서울로 유학을 왔는데 결과는 처참했다. 나는 평균 90점이면 상위권은 아니더라도 그런대로 잘했다고 생각 했는데 같은 반 친구들은 너무나 공부를 잘했다. 영주에서 초등학교를 다닐 때에는 항상 공부를 잘 한다는 말을 듣고, 반에서 1등, 2등을 했는데 23등이 돼 버렸다.

내가 공부를 열심히 하지 않아서가 아니라 높은 점수를 받기 위한 방법을 몰랐는데 아버지 어머니는 많이 실망하신 것 같았다.

아버지는 내가 공부 할 때면 벼루를 꺼내 먹을 갈아 붓글씨를 쓰셨다. 아버지께서는 중국 동진의 서예가 왕희지의 글과 문장을 나름 당신의 스타일로 쓰셨다. 20자 정도를 적으면서 무척이나 큰 공을 들이셨다. 아버지는 내가 공부할 때 TV를 보시거나 신문을 보는데, 아들을 응원하시는 마음에서인지 언제부턴가 내가 공부를 하면 함께 글을 쓰면서 무언의 응원을 해주셨다. 지금 생각해 보면 아버지께서도 많은 노력을 하신 거 같다.

나는 좀 일찍 사춘기가 와서 중학교 때부터 반항하는 마음이 생겼다. 일단 아버지 어머니가 영주에 가 계실 때 내 밥을 해주고 빨래를 하는 누나들이 마음에 안 들었다. 학교 갔다 와서 냉장고를 열면 시원한 음료수가 있어야 하는데 음료수가 없을 때는 무척 짜증이 났다.

학교에 갔다 와서 숙제를 하고, 그 다음에 영어와 수학 등 기본 공부를 하는 매일의 목표가 있어야 하는데 그러지 못했다. 아버지나 어머니가 계실 때에는 책상에 앉아 괜히 펜이 잘 나오지 않는다고 만지작거리고 연습장에 낙서를 했다. 공부할 때면 라디오를 들으면서 공부를 했다. 그리고 일주일에 한번 용돈을 받으면 학교 옆 상가에 있는 문방구에서 플라스틱 모형을 사서 조립하는데 더 많은 신경을 쓰곤 하였다.

내가 바람과 달리 공부를 게을리 하니 부모님은 많이 답답해 하셨다. 좋은 대학에 다니는 형들을 시켜 과외도 받게 하고, 공부하는 모습을 보라고 서울대 대학원 다니는 외사촌형과 같이 지내기도 했다. 공부하는 것과 성적을 올리는 것은 다른 일인데, 지금 생각하면 부모님께서 내가 공부 잘하는 형들을 본받으라고 많이 애를 쓰신 거 같다.

그때에는 왜 공부를 해야 하는지, 왜 좋은 대학에 가야 하는지 이유를 잘 몰랐다. 그냥 공부를 하라니까 공부를 하는 것뿐이었다. 학교 성적은 상위권에서 중위권으로 왔다갔다하는 나는 그냥 보통의 학생이었다. 그러다가 아버지께서 다시 영주로 내려가라는 말씀을 하셔서 중2 때 영주로 전학을 갔다. 아버지는 나를 데리고 또 중학교 교장 선생님과 면담을 하셨다. 영주로 내려오니 다른 학생들이 못해서인지 아니면 내가 너무 공부를 잘하는 학생사이에 있어서인지 모르겠으나 성적은 다시 반에서 상위권이 돼 꽤 잘했다. 중학생에게는 공부를 왜 해야 하는지 스스로 깨달아서 열심히 하는 것 보다 주위 환경이 그 학생의 생활과 학업에 큰 영향을 주는 것 같다. 중학교 3학년에 올라가서는 공부를 그런대로 한 것 같다. 아마도 고등학교 입학시험이 있어서 그런지 문제지도 열심히 풀었다. 그래서 내가 원하는 고등학교에 꽤 좋은 성적으로 입학할 수 있었다.

그런데 고등학교는 중학교와 수업 방식이 달랐다. 학생들의 수업 진도를 빨리 진행하는 방식 이었는데 이게 나하고 맞지 않았다. 적어도 책의 80%는 수업하고 다른 책으로 넘어가야 되는데 학교에선 학생들에게 부교재를 너무 많이 사도록 하였다. 한 달에 중간고사, 월말고사 등 시험을 두 차례 이상 보기도 했다. 1학년 다른 반과 비교해 반 성적이 낮거나 지난 시험 성적보다 떨어지면 가차 없이 밀대 걸레 자루와 채벌용 몽둥이로 '엉덩이 찜질'을 당했다. 지금 같으면 학생이나 학부모가 거칠게 항의를 했겠지만, 그 당시에는 그런 일들이 잦았다. 수업 때에는 공포에 시달리니 학생들 사이에도 친구들의 우정이나 여유가 있을 리 만무하였다.

학교에서 보내는 시간이 많다고 성적이 올라가는 것이 아니다. 성적을 올리는 방법은 일단 수업으로 배우는 내용의 80% 이상은 이해해야 하고, 이것을 바탕으로 새로운 내용을 배워서 이해하고 암기해야 한다. 문제를 이해하고 풀 수 있는 능력, 그리고 응용력을 배워야 하는데 학교에서는 폭력에 견뎌야 했고 성적은 오르지 않으니 내가 커서 선택 할 수 있는 일이 점점 작아진다는 것을 실감했다. 현실과 희망이 없어 보이는 가까운 미래를 견디는 생활이었다. 몇몇 일상과 관심을 나누는 친구들은 있었지만 항상 그렇듯 대부분의 시간을 홀로 보내기에 음악을 듣거나 성적과는 상관없는 책을 읽는 시간이 많았다. 집에는 여러 종류의 책이 많았고, 아버지가 보시는 잡지도 많았다. 삼국유사, 삼국사기와 같은 책도 있었고 월간 '신동아'와 같은 월간지도 있었다. 신문에 짧은 분량으로 기사가 실리는 것이 월간지에 굉장히 자세하고 체계적으로 편집한 내용들은 어린 나에게는 신선한 충격 이었고, 사회 저명인사들의 심층 인터뷰 기사와 책을 통해서 세상을 보는 눈과 안목을 키울 수 있었다. 이런 책들이 지금의 내가 생각하고 판단하는데 큰 영향을 주었다.

모든 것이 어둡고 답답한 사춘기 시절에 내가 혼자만의 시간을 가지며 휴식과 위안을 얻는 것은 이런 책들이 있어 가능했다. 힘들 때면 가끔 주변에서 생각지도 않던 귀중한 존재를 깨닫게 된다. 지금 주위를 살펴보라. 지금 내 주위 일상의 것들이 내게 가장 소중한 존재라는 것을 잘 모르고 살아간다.

천고마비(天高馬肥)

天 : 하늘 천, 高 : 높을 고, 馬 : 말 마, 肥 : 살찔 비

가을 하늘이 높으니 말이 살찐다는 의미.
덥지도 춥지도 않은 맑은 가을의 기후를 칭송하는 말.

세계사 책에서 배웠던 당나라 최고의 시인 두보(杜甫)의 할아버지이자 시인인 두심언(杜審言)의 시구절 '추고새마비(秋高塞馬肥)'에서 유래했다. 이 시는 두심언이 전쟁으로 북쪽에 간 친구 소미도의 무사 귀환을 기원하며 지은 시였다. 시에서 나오는 '추고새마비(秋高塞馬肥)'라는 구절은 당나라 군대의 승리를 가을날에 비유한 것이다. 즉, '추고마비'는 아주 화창하여 아름다운 가을 날씨를 표현하는 말로 쓰였다.

구름은 깨끗한데 요사스런 별이 떨어지고(雲淨妖星落)
가을 하늘이 높으니 변방의 말이 살찌는구나(秋高塞馬肥)
말안장에 의지하여 영웅의 칼을 움직이고(馬鞍雄劍動)
붓을 휘두르니 격문이 날아온다(搖筆羽書飛)

그런데 '한서(漢書)'의 흉노전(匈奴傳)에 의하면 '추고마비'라는

성어는 중국 북방 유목민족 흉노가 활동하기 가장 좋은 계절이라는 뜻을 지니고 있다. 중국 만리장성 너머에 살던 흉노족은 2000년 동안 중국인들에게는 공포와 증오의 존재였다. 이 흉노족의 말이 가을에 살이 찌면 남쪽으로 쳐들어 올 준비가 되었다는 의미이기 때문이다. 이들은 가을이 오면 겨울 동안 양식을 마련하기 위한 약탈을 시작했다. 북방 지역과 접한 중국인들은 매년 약탈을 근심해야 했고 남쪽의 중국인들도 북쪽 국경부대를 지원하기 위해 전쟁터로 가야만하는 두려움의 계절이었다. 우리나라도 가을이 되면 북방의 여진족이 같은 이유로 남쪽으로 내려와 여간 골치를 썩은 것이 아니었다.

그런데 흉노족도 여진족도 없고 전쟁으로 입대해야하는 경우도 없는데 높은 가을 하늘을 보면 왜 이리 감정적으로 울컥해지고 사춘기 소녀처럼 싱숭생숭해질까? 실제 가을이 되면 더욱 외로움을 타서인지 매년 추석 전후 9월 결혼정보업체 상담비율이 8월보다 24% 정도 높아진다고 한다.

사실 가을의 우울함은 여자들보다는 남자들이 유독 많이 겪는데, 이는 과학적으로도 증명이 되었다고 한다. 가을에는 여름보다 일조량이 적어 행복한 감정을 느끼게 해주는 호르몬인 세로토닌의 분비량이 줄고 남성호르몬 분비를 활성화시키는 비타민D 합성도 억제되기 때문이라고 한다. 물론 모든 남성들의 이야기는 아니겠지만, 그러고 보니 이번 연휴동안 극장에 혼자 멜로영화를 보러 오는 남자들이 유독 눈에 많이 띄었던 것 같기도 하다.

흉노를 근심하는 우울한 가을일지 두심언이 언급한 화려한 가을일지는 모르지만, 모든 것이 본인의 마음가짐일 것이다. 모두 활동하기 좋은 가을에는 행복해지자. 높디높은 가을 하늘을 아무 생각 없이 딱 3분만 바라보자. 보다 큰마음으로 나의 모든 근심, 서러움을 대할 수 있지 않을까?

가을하면 할머니가 생각난다.
가을을 참 좋아하셨던 나의 할머니.

3.
'천사' 할머니를 떠올리면 생각나는 것들

- 폐결핵과 아버지, 그리고 어머니 -

나의 아버지는 1919년생, 어머니는 1928년생이시다. 아버지는 경상북도 안동의 엄격한 집안의 5남 2녀 중 넷째셨다. 나이 50에 나를 본 아버지께서는 내가 지금 나의 큰 아들을 아끼는 것보다 더 나를 아끼고 사랑하셨다. 그럼에도 아버지께서는 항상 근검과 절약을 말씀하셨는데, 아버지께서는 항상 당신이 어렸을 때 할아버지께서 사주신 고무신이 아까워서 신지 않고 들고 다녔다는 말씀을 자주 하셨다.

아버지는 30대에 국립식량연구소에서 일하시다 폐결핵을 앓으셨는데, 지금도 그렇지만 당시에는 죽는 병이었다. 아버지는 마산에 있는 국립요양원에 입원하셨고, 갓 시집온 어머니는 안동에 계셨다. 아버지 말씀에 따르면, 아버지가 입원한 곳에서 아침마다 밤새 돌아가신 분들이 옆 침대에 있었다는 말을 많이 하셨다. 그 때는 폐결핵 치료약이 없는 병이었고, 천천히 그러나 확실하게 사람을 죽게 만드는 병이었다.

6 · 25전쟁 때까지 요양원에 입원을 하셨던 아버지는 전쟁 후 처음으로 세상에 나온 항생제의 도움으로 죽음을 피할 수 있었고 요양원에서 퇴원하셨다.

아버지의 이런 병력 때문에 아버지는 항상 당신의 죽음을 두려워하셨다. 조금이라도 몸이 안 좋으실 때면 바로 병원으로 가셔서 치료를 받곤 했다. 또 나이 50에 나를 보셔서인지 항상 내가 국민학생(초등학생)일 때 늘 '너 대학 가는 걸 보고 죽어야 하는데'라는 말씀을 하셨다.

나이 40에 아들을 본 어머니도 마찬가지 심정이셨다. 어머니는 당신의 어린 시절 일본이 일으킨 만주사변과 2차 세계대전, 그리고 6 · 25전쟁까지 많은 전쟁을 겪으셨다. 그래서 그런지 모든 생활에서 근검과 절약을 실천하셨다. 내가 혼자 밥을 먹을 수 있는 나이가 되자 밥을 덜어 먹게 하셨고, 밥공기에 밥알이 하나라도 붙어있으면 큰 꾸중을 하셨다. '밥알 한 톨은 농부의 피땀 일곱 가

마니'라고 하셨다. 내 교육은 밥상머리에서 시작되었다.

아버지의 큰형님이신 큰아버지댁이 대수리에 들어가 당시 큰아버지와 같이 계시던 할머니와 1년 정도 같이 살게 되었다. 당시 시골집 부엌은 지면보다 낮게 설치돼 있었다. 어느 날 할머니는 부엌에 들어가시다가 넘어지셨고, 그때 잘못된 다리가 그대로 굳어져 당신 혼자서 일어나지 못하고 휠체어를 타고 다니셨다. 그게 할머니 연세 80이 넘으셨을 때다. 아버지는 할머니를 안방에 모시고 옆방에서 생활하셨는데, 나는 그때 할머니와 많은 시간을 같이 하였다. 할머니는 다리가 불편하셔서 온종일 방에 앉거나 누워 계셨는데, 나에게는 답답한 기색을 보이지 않으셨다. 중학생이었던 나는 학교에서 돌아오면 할머니를 휠체어에 앉히고 밖에 나가기도 했는데, 할머니는 너무 오랜만에 밖에 나가시는지 종종 어지럽다고 하신 기억이 난다.

어머니께 할머니가 어떤 분이셨는지 물었던 기억이 난다. 어머니는 '천사'라고 하셨다. 왜 천사인지 여쭈었더니 '며느리들에게 아무 일도 시키지 않으시고 당신 혼자서 일을 다 하시기 때문'이라고 하셨다. 할머니의 인격을 느낄 수 있었다. 그때도 그렇고 지금도 그렇지만 새로운 가족이 들어오면 식사 시간이나 생활에서 여러 가지 아쉬움이나 불만이 나오기 마련인데, 할머니는 식사가 불편하다던지 당신께서 지내는 생활이 불편하다거나 아쉬움을 말하는 것을 한 번도 들은 적이 없다. 당시 할머니는 80이 넘으셨기에 당신이 여름에 돌아가시면 안 된다고 말씀하셨는데, 그 이유가 여름에 상을 치르면 더워서 다른 사람들이 불편하다는 것이었다. 당신이 죽은 다음에 생기는 일이 어떻게 될지, 다른 사람들이 힘들고 불편할 지를 걱정하시는 분이셨다.

지금의 나도 그렇지만 편한 가족 앞에는 반찬투정도 하고 심술도 부리고 괜한 일로 무슨 말이든 불평도 하곤 하지만, 집안 최고 어른이신 할머니가 다른 사람 흉을 보거나 불평이나 불만을 말씀하시는 것을 들어 보지 못하였다. 할머니께서는 '좋이 겨워' 라는 말씀을 자주 하셨는데 '아주 좋다'라는 고어였다. 좋다는 말씀이셨다. 어떤 일에 대해 비평하고 나쁜 말을 하기 보다는 좋다는 말씀을 자주하셨다. 그렇다고 할머니가 아주 순하디순한 노인이라서 좋다는 말씀만 하신 건 아니다. 할머니께서는 "우리 집안 안동 권 씨 동정공파에서 국회의원이나 큰일을 하는 사람이 왜 없냐. 다른 집에는 여럿이 일을 하는데 왜 우리 집에는 이런 진취적인 기상으로 원대한 꿈을 가지고 일을 하는 사람이 없느냐"고 안타까워하셨다.

할머니와 부모님을 생각하면 나는 당신들의 가르침을 제대로 실행하고 있는지 반문하게 된다. 사후에 당신으로 인한 불편함을 걱정하면서도 집안에 큰 인물이 나기를 원하셨던 할머니를 생각하면 마음이 아리다. 그 분을 떠올리면 무척 작아지고 죄송한 마음이다.

오스트리아 보험회사 앙커(Anker)는 두 건물을 잇는 다리를 장식하려고 모험을 감행했다. 당대 최고 작가 프란츠 폰 마치(Franz von Matsch, 1861~1942)에 의뢰해 연결한 다리 위에 아름다운 시계를 제작했다. 비엔나의 명물이 된 '앙커 인형시계'로, 보험회사 앙커 '문화기업'으로 각인되었다. 매 시간마다 인형이 바뀌고, 정오에는 모든 인형이 퍼레이드를 한다.

-비엔나의 명물 '앙커 인형시계' 앙커우어(Ankeruhr)에서-

괄목상대(刮目相對)

刮 : 긁을 괄, 모진 바람 괄, 目 : 눈 목, 相 : 서로 상/빌 양, 對 : 대할 대

눈을 비비고 서로 대함.
학문이나 기술 등이 놀라운 정도로 부쩍 향상되었다는 의미.

삼국지(三國志)는 중국의 위(魏) ·촉(蜀) ·오(吳) 3국의 이야기를 담고 있는데, 이 중에 오나라 이야기에 나오는 고사에서 유래된 사자성어다. 중국의 패권을 쥐기 위해 첨예하게 대립하던 시기였기에 전쟁을 위해선 용맹뿐만 아니라 전술과 전략이 절실하던 시기였다. 서로 제휴와 협정을 통하지만 액면 그대로 받아들일 수도 없는 오늘의 친구가 내일의 적이 되는 시절이었다.

오(吳)나라 손권(孫權)의 부하 중 여몽(呂蒙)이라는 장수가 있었다. 타고난 용장으로 전장에서 수많은 공을 세워 장군에 까지 올랐으나 배운 것이 없어 식견이 매우 짧았다. 이를 아쉬워한 오나라의 손권은 그에게 학업에도 신경을 쓰라는 충고를 했고, 여몽 장군은 전장에서도 손에서 책을 놓지 않았다. 어느 날 학식으로 명망이 높던 노숙이 여몽을 찾았다가 그의 놀라운 발전을 보고 깜

짝 놀랐다. 그러자 여몽은 "선비가 사흘을 떨어져 있다 다시 대할 때는 눈을 비비고 대하여야 합니다(士別三日 卽當刮目相對)"라고 하였다고 한다. 그래서 이를 두고 같은 뜻의 사자성어로 '오하아몽(吳下阿蒙)'이라고도 한다.

보통 자신보다 아랫사람, 즉 예전에는 분명 본인보다 실력이 출중하지 못하였으나 장족의 발전을 이룬 사람을 심심치 않게 본다. 나도 시작은 미약했지만 괄목상대가 되기 위해 노력했다.

끝날 때까지 끝난 것이 아니니까.

4.
지방대라는 주홍글씨와 나의 투쟁

- 끝날 때까지 끝난 것이 아니다 -

1986년 1월이었다. 전기 대학 입시에 떨어졌고, 그 한 번으로 졸지에 나는 집안의 '대역죄인'이 되었다. 인생에 패배자가 된 것 같아 고개를 들 수 없었고 주변에 나보다 좋은 점수를 받은 사람들 이야기만 나와도 쥐구멍에 들어가고 싶었다. 내가 잘못한 것이 뭐였는지 모르지만 입시 결과로 난 집안의 문제아(?)가 되어 버렸다. 그렇다고 시간을 어영부영 놀면서 보낸 것도 아니고 나쁜 길로 빠진 것도 아니었다. 누구보다 능동적으로 내가 하고 싶은 일을 열심히 구상했었는데, 당시에는 억울했지만 지금에 와서 생각해보니 허송세월한 것 같다. 구상과 걱정만 했으니까.

이제 남은 건 후기 대학 입시 기회 한번 뿐이었다. 이번에도 떨어지면 전문대에 가야 했다. 아버지께서는 “절대 재수는 안 된다”고 하시니 따를 수밖에 없었다. 이과(理科)인 내가 선택할 수 있는 전공은 전자계산학과와 새로 만들어진 전공인 전자재료학과 뿐이었다.

당시 다른 전공은 그 학교에 개설되지 않았거나 있더라도 그다지 마음에 들지 않았다. 접수 창구에서 3시간 넘게 시간을 보냈다. ‘어느 학과에 원서를 넣을까’ 주저하다가 마감 시간 10분 남기고서야 원서를 접수했다. 전자재료학과였다. 전자재료학과는 앞으로 반도체를 만드는 재료를 공부하는 곳이라고 들었다. 원서를 접수하고 대학 본부 건물을 나오니 날은 벌써 어둑어둑해졌다. 그날 나는 거기서도 추위에 오들오들 떨면서 ‘여기서도 날 받아주지 않으면 어떻게 되나’하는 걱정만 하고 있었다. 나의 암담한 미래에 과연 돌파구는 어딜까 하는 이런저런 생각으로 머리는 무거워 지끈지끈한데 저 멀리 노을이 보였다. 너무나 아름다웠다. 그 순간 ‘이 자리에서 자포자기 심정으로 저 노을을 바라보던 사람이 얼마나 많았을까’하는 생각이 뇌리를 스쳤다. 지금부터 시작이다.

내가 이 대학에 합격하면 적어도 이 자리에 섰던 그 많은 사람들 중에서는 제일 진취적인 사람이 되어야겠다고 다짐했다. 그게 첫 번째 목표였다. 걱정과 고민만 했던 내가 무언가 결심을 한 것은 그날이 처음이었다. 물론 고등학교 3년 내내 매일 걱정을 하면서 결심을 하기는 했다. 그런데 그게 반복되자 결심이 아니라 푸념처럼 변질되었고 타성에 젖어 전혀 자극되지 않았다. 그 날은 달랐다. 노을이 증인이기 때문일까. 그 증인은 매일 내가 어디에 있던지 나를 따라다니니 결심을 되새길 수밖에 없다. 어린아이 같기도 하지만 그 날 이후 한동안 나는 아침부터 일과를 충실히 살기 시작했다. 왜? 노을과 약속했으니까.

거창한 것이 아니더라도 금연, 다이어트 등등 작심 삼일로 끝나는 다짐은 많다. 그래서 나는 약속을 할 때 누군가 나를 감시하고 있다는 '증인'을 만든다. 독자 여러분들도 '약속의 증인'을 만들 것을 추천한다. 나의 첫 '증인'이 노을이었고 나는 아직도 노을을 보며 그 때의 감성에 빠진다. 지금은 아파트촌으로 변모했지만 사방이 논이던 그 경기 화성의 버스정류장에서 노을과 약속했던 영주 소년의 감성. 집 앞의 가로수, 사계절 위치가 바뀌는 밤하늘의 별, 푸른 하늘에 두둥실 떠 있는 구름, 휘영청 밤을 밝혀주는 보름달 등등 찾아보면 나의 다짐을 함께 들어주고 어디선가 나타나 용기를 북돋아주는 증인들은 많다. 혹여나 작심 삼일로 끝나더라도 무한한 애정으로 나를 응원해주는. 다시 대학으로 돌아가보자.

내가 지원한 대학은 수원대였다. 교명과 달리 대학은 경기 화성군(2001년 3월 화성시로 승격)에 있었고, 수원 시내로 가는 버스도 한참을 기다려야 탈 수 있는 곳이었다. 나는 전자재료학과를 선택한 이유를 찾으려 애썼다. 고등학교 때부터 8비트 컴퓨터를 만지며 프로그램을 짜는 게 얼마나 어려운지를 일찍 깨달아서일까, 아니면 용 꼬리 보다는 뱀 머리가 되고 싶었던 걸까…. 전기재료는 앞으로 반도체를 만드는 재료를 공부하는 전공이라고 하니 남들과 다른 것을 하고 싶은 오기였을 수도 있고, 반도체에 인생을 걸어보자는 기대였을 수도 있다. 어째든 나의 스무 살 대학 시작은 그렇게 시작됐다.

아버지께서는 내가 약학대에 진학해 약사가 되길 원하셨다. 당시 큰아버지 두 분과 작은 아버지가 약국을 하고 계셨으니 당연한 바람이었다. 어릴 적부터 시간이 나실 때면 항상 말씀하셨으니 영주 어딘가에서 하얀 가운을 입고 약국에 서 있는 모습으로 내 미래를 상상했다. 그런데 자라면서 내 성적으로는 전국의 어느 약대도 지원 할 수 없다는 총체적 난국에 부딪혔다. 고등학교 때 공부를 열심히 하지 않았으니 모의고사 점수가 좋을 리 만무했다. 모의고사 성적을 받고, 이 점수로 어디로 진학할지 고민만 했다. 차라리 그 시간에 공부를 했으면 결과는 달라졌을 것이다. 부질없이 고민만 하다가 고등학교 3년을 보냈다.

차라리 재수를 해서 좀 더 좋은 대학, 좋은 학과에 가고 싶었지만 아버지의 '엄명'이라 재수는 말도 꺼내지 못했다. 지금 생각해 보니 내가 아버지였어도 그랬을 것 같다. 게으른 학생이 다시 시험을 친다고 해도 그건 시간 낭비가 될 공산이 크다. 같은 실험을 하면서 다른 결과를 바라는 것은 바보다. 그 때는 입력이 달라져야 출력이 달라진다는 진리를 실감하지 못했다. 정확하게 말하면 중학교 때의 고민과 게으른 습관이 그대로 고등학교로 이어진 그런 학생이었다.

어찌 하겠는가. 대학은 정해졌고 내가 할 수 있는 일은 열심히 공부해서 유학을 가는 것이었다. 그러자면 일단 영어공부를 해야 했다. 그 당시에는 영어시험인 토플을 봐야 유학이 가능했고, 해외 대학 편입을 하려니 학과 성적 관리도 중요했다. 뒤늦게 철이 들어 열심히 학과 공부를 해야 했다. 사람은 좌절을 겪어야 다시 일어날 궁리를 하는 걸까, 아니면 그때 진짜 철들기 시작한 걸까. 쉰 살이 지난 지금도 모르겠다.

대학원 지도교수님 말씀대로 영원히 지워지지 않는 나의 학부는 수원대다. 그 당시 새로 설립된 수원대는 학교 이름에 대학교의 '교(校)'자를 붙이지 못한 단과대 '수원대학'이었다. 지금은 이해가 안 되겠지만 그 당시에는 종합대학만 학교 이름 뒤에 '교'를 붙였다. 어째든 수원대는 모 건설회사가 설립한 신설 대학이어서 대학 본부는 야심찬 계획을 갖고 대학을 경영했다.

"모든 학생들이 컴퓨터를 다룰 수 있게 한다. 모든 학생들이 일정 수준의 영어 능력이 될 수 있게 무료 영어 강의를 한다. 전공 강의 교재는 모두 원서를 사용한다."

나는 영어 공부를 해야 하니 이런 학교의 교육 서비스가 고마웠다. 따로 돈을 내지 않고 아침 일찍 학교에 가면 토플 수업을 들을 수 있었다.

수도권에 있는 대학이라 서울에서 많은 학생들이 내려오다 보니 학과 강의는 오전 9시 30분 시작됐다. 강의에 앞서 8시 30분부터 50분간 토플 강의를 들으려면 늦어도 7시에는 하숙집을 나와 10분간 걸어 시내버스를 타야했다. 수원역에 내려 다시 수원대학행 버스로 갈아타고 40분가량 더 가야했다. 정문에 내려 50만 평 캠퍼스를 걸어 강의동까지 갔다. 난 그때 50만 평이 얼마나 넓은지 온몸으로 느낄 수 있었다. 등교시간만 1시간 20분 걸렸다.

등교할 때마다 '고등학교 1학년 때부터 이렇게 노력 했다면…'하는 후회가 밀려왔다. 고등학교는 집에서 학교까지 자전거로 10분, 걸어서 15분 거리였다. 1시간 20분 vs 15분, 매일 한 시간 이상의 시간을 3년간 낭비했다는 생각이 들었다.

지금도 그렇지만, 일단 대학에 입학하면 이런 저런 이유로 남학생들은 대부분 공부를 하지 않는다. 고등학교 때 공부에 너무 시달렸다는 생각과 곧 군에 입대해서 3년을 보내야하니 다들 '군대 다녀와서 열심히 공부하지'라고 생각했다. 이런 생각에 다들 '합법적'으로 즐길 수 있는 술과 담배에 취할 수밖에.

교복을 벗으니 운동화 대신 구두를 신고 학교에 갔다. 지금 생각하면 참 패션이 맞지 않아 헛웃음이 난다. 귀를 덮던 장발 스타일에 청바지에 구두를 신고 학교를 다녔으니 말이다. 술은 저녁에 마시는 것이고, 담배는 아무 때나 피울 수 있는 자유가 주어졌으니, 고등학교 때 해보지 못한 각종 오락과 스포츠가 남학생들을 기다리고 있었다. 남학생들은 강의가 빈 시간에 가까운 당구장에 가기 바빴고, 수강생이 많은 교양 수업에는 교수님 출석 호명이 끝나면 뒷문으로 빠져나가 삼삼오오 당구장에 모이거나 일찍 귀가 하는 친구들이 많았다.

그러나 나는 그럴 여유가 없었다. '유학을 가려면 공부를 해야 한다'는 중압감이 나를 짓눌렀다. '프레시맨'의 자유도 왠지 싫었다. '바보야! 진작 깨닫지'하며 머리를 쥐어박았다.

나는 대학 1학년들이 할 수 있는 모든 모임과 오락에 참여하지 않았다. 신입생 환영회는 당연히 빠졌고, 다른 학생들이 수업 도

중에 강의실을 빠져나가 당구를 칠 때에도 나는 강의실을 지켰다. 교우 관계도 없었고, 공대이다 보니 여학생도 없었다. 그러다보니 안타깝게도(?) 대학 때 친구들과 당구치고 술 마시고, 나이트클럽을 간 기억이 전혀 없다. 그건 나의 투쟁이었다.

수업 중간 공강(空講) 시간에는 대학에서 거의 무료로 가르치는 특강과 타자 수업을 들었다.

마침 미국 시카고대에서 오신 미국인 교환 교수님의 영어회화 수업을 들으니 나의 대학 강의시간표는 고등학생 시간표와 진배 없었다. 월~금요일을 쉬는 시간 없이 보내면 정신없이 바쁠 것 같지만 사람은 곧 적응하게 돼 있다. 대학은 토요일 수업이 없었다.

토요일이 되면 하숙집의 다른 학생들은 고향에 가거나, 금요일 밤늦게까지 술을 마시고 늦잠을 자거나 했다. 토요일 오후가 되면 내일은 또 쉬는 날이라는 생각에 또 마신다. 난 술이 체질에 맞지 않아 술을 못 마셨다. 그렇다고 술 마시는 친구들과 주말을 보낼 수는 없어 한두 번 어울리다가 말았다.

토요일 아침을 먹고 일찍 빨래를 해서 잘 마르는 곳에 널어놓으면 영화 한편 보고 돌아오면 어느새 빨래는 말라 있다. 저녁에는 방 청소를 하고 나면 나의 토요일은 끝났다. 일요일은 하숙집도 거의 비어 근처 만화방에서 열심히 만화를 봤다. 그때는 유명 만화 작가의 연재물이 유행할 때여서 연재만화를 보면서 몇 시간을 보내는 게 유일한 취미였다.

1986년 3월 대학 1학년 1학기를 보내고 있을 때, 전투경찰이라는 '새로운 경찰'들을 봤다. 학생들이 데모를 하고 돌과 화염병이 날라 다니고, 최루탄 가루가 아스팔트를 하얗게 덮기 시작했다. 수업을 못할 때도 많았다. 화염병과 최루탄의 전쟁이었다.

난 정치에 관심이 없었다. 최루탄 가루로 눈물을 흘리기 싫어서 데모하는 곳을 피해 다녔다. 4월은 '잔인한 달'이라더니, 데모는 점점 심해지고 소련에서는 체르노빌 원자력 발전소가 폭발했다는 기사가 흘러나왔다. 데모는 5월에 점점 더 심해져 학교 수업도 가끔 중단됐다. 그 때 나는 얼굴이 빨간 소년이었다. 정의감이나 사회문제 보다는 내 문제가 시급했다. 영어 단어를 아무리 외어도 다음날이면 반을 잊어버리고 일주일이 지나면 기억이 나지 않았다. 영어 실력을 키워서 토플 시험을 봐야 하는데 한 학기 동안 내가 공부한 결과들은 마음에 들지 않았다.

그러던 중 지하철에서 우연히 한 영어 학원 광고를 봤는데, 한 반이 14명 이하로 구성돼 하루 6시간 수업, 학원 내 한국어 사용을 금지하는 학원이었다. 한 달 수강료는 일반 대학의 한 학기 등록금의 절반 정도였던 것 같다. 방학동안 한 달 수업을 들으면 좋겠는데 서울에 지낼 곳도 없고, 학원비도 비싸 망설였다.

다행히 방학 한 달 동안 서울에서 영어만 공부 하겠다고 하니 아버지께서 '향토장학금'을 지원해주셨다. 학원은 서울 강남역에서 10분 거리였고, 숙소는 강북이어서 지하철로 다녔는데, 숙소에서 오전 6시 30분에 길을 나섰다. 매 수업시간마다 문법, 회화, 독해, 작문 등 전문 선생님들이 들어오셨다. 하루 종일 힘들었지만 꿈을 향해 가는 길은 재미있었다. 오후 4시에 학원을 마치면 숙소 근처로 가서 저녁을 먹고 그날 숙제를 하고 나면 오후 9시가 됐다. 하루 종일 영어만 쓰다 보니 영어로 꿈을 꾸는 경우도 많았다. 지금도 나는 학생들에게 당시의 경험을 말한다. 우리말보다 영어를 잘하는 사람은 생각을 영어로 하듯, 영어가 영어가 아닌 나의 두 번째 언어가 되면 영어로 꿈꾼다고 말하곤 한다. 물론 학생들은 본인들이 경험해 보지 않았으니 농담 한다고 생각 하겠지만.

주 5일 수업이니 역시 주말은 한 숨 돌렸다. 숙소에서 조금만 걸어가면 남산타워(남산서울타워)까지 갈 수 있었다. 당시 남산타워 1층은 정기간행물실이었다. 그곳에서 영어 잡지를 보다가 지하 식당에서 가락우동을 먹고, 다시 영어 잡지를 보다가 지루해 지면 3층 음악감상실에서 클래식 음악을 듣곤 했다. 지금도 서울에 갈 때 멀리서 남산타워가 보이면 그때가 생각난다. 일요일은 좀 쉬

거나 놀아야 하는데 혼자 자란 나는 다른 사람과 어울려 노는 것을 잘 못해서 혼자 시간을 보내야 했다. 내가 그 당시 주로 하던 것들은 지하철 2호선 타고 놀기였다. 원래는 2호선을 타고 어디를 갈지 계획을 했다가 뱅글뱅글 순환선을 타고 돌다보니 잠이 들곤 했다. 그 당시 2호선 출발역에서 다시 출발역으로 돌아오는데 걸린 시간은 1시간 10분 이었다. 지금은 얼마나 걸리는지 모르겠다.

NPO는 국가와 시장을 제외한 제3 영역의 비영리단체를 가리키는 말로 비영리조직(Non Profit Organization)의 영문 머리글자를 딴 말이다. 이래저래 공동체 삶에 관심이 많다보니 문화, 예술, 환경, 방송 관련 NPO에 가입하고 있다. NPO에서 청소년교육을 맡아 활동하던 어느 여름날의 한 컷이다.

-서울 환경NPO 단체에서-

결초보은(結草報恩)

結 : 맺을 결, 草 : 풀 초, 草 : 갚을 보, 恩 : 은혜 은

풀을 묶어서 은혜를 갚는다는 뜻.
한 번 입은 은혜를 잊지 않고 반드시 보답한다는 의미.

중국 진나라에 위무자라는 노인이 있었다. 그는 두 명의 아내가 있었는데 그 중 둘째 아내인 서모는 나이가 어렸다. 그러던 중 위무자가 중병에 걸려 시름시름 앓게 되자 아무래도 어린 나이에 청상과부가 될 서모가 걱정되었다. 그래서 아들 위과에게 둘째 부인 서모의 앞길이 구만리 같으니 본인이 죽으면 좋은 집으로 다시 시집보내줄 것을 부탁했다. 병세가 위중해지자 정신이 혼미해지는 일이 자주 발생했다. 그러던 중 위무자는 생각을 바꾸어 자신이 죽으면 외로울 것 같으니 서모도 함께 묻어 순장시켜달라고 했다. 아버지 위무자가 사망한 후에 아들 위과는 고민에 빠졌지만 아무래도 정신이 온전할 당시에 들은 유언을 받들어 서모를 정성껏 재가시켰다.

이후에 시간이 흘러 진나라에 전쟁의 피바람이 불었다. 전쟁터에 차출된 위과는 적군의 추격을 받으며 후퇴하고 있었다. 적군의

장수 기세에 눌린 위과가 막다른 곳에 다다르자 절망하고 있는데 어디에서 노인이 나타났다. 그 노인은 풀을 묶어 적군 장수의 말을 넘어뜨렸다. 이 기회를 이용해 위과는 적의 장수를 포로로 잡을 수 있었다. 사태를 진압하고 그 노인을 찾았지만 도무지 찾을 수가 없었다. 그날 밤 꿈에 그 노인이 나왔다. 그 노인은 자신이 서모의 아버지이며 딸을 좋은 곳에 재가시켜준 은혜에 보답하고자 나타났다고 말했다.

오늘의 적이 내일의 친구인 요즘, 세상에 사람의 도리와 관계에 대해 생각을 하게 하는 성어이다. 좋은 의미의 결초보은이 자칫하면 의리와 비리의 유착관계를 만들며 왜곡될 수도 있다. 때와 장소를 가려서 사용하고 인간의 덕과 은혜를 기리는 본래의 의미를 되살리자. 일상생활에서 고사 성어를 사용하면 간단하지만 분명하게 생각을 전달하는 장점이 있다. 구구절절 설명하지 않고 맛깔스럽게 표현 할 수 있으며 동시에 옛 선인들의 지혜를 배울 수 있다.

5.
만 원 지폐에 희망을 담는 시장 상인들

- 나의 첫 직장과 행복, 그리고 희망 -

대학 4학년 졸업반, 대학시절의 마지막 겨울이었다. 이제 겨울방학이 끝나면 졸업식이다. 우리집에 가장 어른인 큰아버지께서 갑자기 '언제 졸업을 하느냐'고 물으시고는 내일부터 큰아버지 회사에 출근하라고 하셨다. 큰아버지는 경북 안동에서 상호신용금고를 경영하고 계셨는데, 평소에는 공학을 공부하던 나는 별반 관심을 갖지 않았다. 내가 맡은 일은 아침 8시까지 출근해서 다른 선배사원들과 같이 은행에 가서 영업에 필요한 지폐와 동전을 받아 오는 일이었다. 당연히 오후 4시 30분에 지폐와 동전들을 가지고 다시 은행에 맡기는 일이 가장 중요했다. 매일 매일 정해진 시간과 장소를 많은 현금을 들고 움직이는 일이니, 선배 사원 한 명과 운

전기사 한 분 총 3명이 같이 움직였다.

오전 9시에 신용금고 영업을 시작하면 나는 외근 사원이니 회사 밖에 나가야 했다. 오전에 내가 맡은 지역은 안동의 구시장을 한 바퀴 도는 일이었다, 양복 상의 왼쪽 주머니에 통장 20개, 오른쪽 주머니에 20개를 각각 넣고 회사를 나섰다. 시장에서 회사와 거래하는 가게에 들려 현금 만 원을 받아 주머니에 넣고 다시 다른 고객 가게에 가는 일이었다. 40곳 정도를 돌고 나서 회사에 들어와 컴퓨터에 고객의 돈을 입금하는 게 나의 오전의 일이었다. 한 가게에서 1만 원을 받아 대신 입금시켜 주는 일이다. 그 때에는 토요일도 일을 했으니, 매일 1만 원씩 한 가게에서 받아 입금해 한 달에 24만 원짜리 적금을 드는 것이었다. 그러면 3년이면 1000만 원을 모을 수 있었다.

회사 근처에서 선배 사원과 같이 점심을 먹고 이번에는 안동 신시장을 갔다 와야 했다. 30여 개의 통장을 양복 상의에 넣고 신시장을 돌며, 오전처럼 1만 원씩 받아 각자의 통장에 넣고 나면 오후 4시가 다 됐다. 회사에 돌아와 통장에 입력을 하고 나면 또 은행에 돈을 맡기러 가는 생활이었다. 비가 와도 우산을 쓰고 다닐 수는 없었다. 구시장에 있는 가게를 돌면서 1만 원, 2만 원을 받아서 나오는데, 들르는 가게들이 옆에 있으니 우산을 접었다 폈다할 시간도 없었고, 좁은 가게를 돌면서 돈을 받아야하기 때문에 우산은 거추장스러웠다. 비가 오는 날은 비를 맞으며 가게 처마 밑을 돌아다녔다.

신용금고에 다니면서 경북대 산업대학원 전자재료전공에 입학했다. 산업대학원이니 수업은 저녁 5시 이후에 있었다. 회사에서는 1주일에 한번 대구에 있는 대학원을 가라고 조금 일찍 마치고 갈 수 있도록 허가해 주었다. 안동에서 오후 3시쯤 차를 몰고 대구까지 가려면 2차선 국도를 따라 1시간 50분 운전을 해야 했다. 밤 10시가 지나서 수업이 끝나면 다시 차를 몰고 2시간 30분을 운전해서 영주에 있는 집으로 돌아와 다음날 다시 출근하는 생활이었다.

지금 생각하면 나의 첫 직장생활은 무척 행복했던 거 같다. 시장 상인들이 매일 1만 원씩 모아 3년 뒤 1000만 원을 만드는 모습을 보는 건 행복 그 자체였다. 그들은 매일 만 원 지폐에 희망을 담아 차곡차곡 쌓았다. 통장을 볼 때마다 얼굴에 환하게 웃음꽃이 펴는 시장 상인들을 보면서, 나는 미래와 희망이 어떻게 오늘의 삶을 지탱하고 발전시키는지 배울 수 있었다. 액수가 크고 적은 건 문제되지 않는다. 우리의 일상은 일체유심조(一切唯心造)다.

미국 실리콘벨리의 순다르 피차이 구글 최고경영자(CEO), 사티아 나델라 마이크로소프트 CEO, 아르빈드 크리슈나 IBM CEO, 샨타누 너라연 어도비 CEO 모두 인도 최고 명문 국립대인 인도공과대(IIT) 출신이다. 극심한 빈부 격차에 카스트제도가 발목 잡는 인도 교육이지만 인도계 CEO 다수는 인도 정통 지배층 인도아리아인인 힌두스탄인이 아니다. 좁고 어두운 교실에서 배움에 갈망하는 아이들의 눈빛은 가난을 면치 못하는 인도 국민들의 간절한 희망이다. 모든 것은 사람이 창조하기 때문이다. 불과 몇 십 년 전 우리도 그랬다. 초심을 잃지 말자.

-인도 델리에서-

파죽지세(破竹之勢)

破 : 깨뜨릴 파, 竹 : 대나무 죽, 之 : 의 지, 勢 : 기세 세

대나무를 쪼갤 때처럼 단호하고 맹렬해 대항이 불가능한 기세.
세력이 강대해 감히 대적할 상대가 없음.

한 세기에 나올까 말까한 영웅호걸들의 이야기 중 베스트셀러라고 한다면 모두들 삼국지를 떠올릴 것이다. 유비의 촉, 조조의 위, 손권의 오나라가 풍미했던 이 시대는 세기를 거치며 많은 이들의 가슴에 남아 많은 생각을 하게 만들었다. 삼국지의 그 수많은 전투에 나오는 전략과 전술, 인물에 관해서는 관심이 많지만 아들 손자로 이어지는 삼국지의 결말에 대해서는 상대적으로 잘 모른다.

마지막 부분은 이렇다. 아버지 사마소는 정변을 일으켜 위나라의 왕 조모를 제거하고, 위나라의 마지막 황제 조환을 옹립해 실권을 쥐었다. 진왕이 되었으나 갑자기 사망하자 그의 아들인 사마염이 왕위를 물려받았다. 어릴 적부터 왕위를 물려받기 위한 교육을 받았던 그는 책읽기를 즐겼으며, 학식이 높아 글도 잘 썼다. 필력뿐 아니라 언변도 좋았다. 그래서 어떤 사람은 그를 공자의 제

자 안회(顔回)에 빗대기도 한다.

그는 280년 오나라를 멸망시키고 진(晉)을 국호로 삼국통일을 이룬다. 그러나 계속되는 정쟁 때문에 징집 대상이었던 백성들의 고달픈 삶과 피폐된 영토로 중국은 말이 아니었다. 184년부터 사마염의 삼국통일까지 100여 년 동안 중국의 인구는 5000만 명에서 1000만 명으로 줄었다고 한다. 사마염은 본인이 옹립한 황제 조환을 폐하고 스스로 진나라의 황제 무제(武帝)가 되면서 위나라는 멸망했다. 이제 3국 중에서 오나라만이 남게 되었다. 20만 대군을 이끌고 오나라를 치기위해 무제는 장군 두예에게 출병을 명하였다.

공격을 앞둔 마지막 작전회의에서 한 장수는 "이제 곧 잦은 봄비로 강물은 범람할 것이고, 또 언제 전염병이 발생할지 모르기 때문에 지금 당장 오나라의 도읍을 치기는 어렵다"고 의견을 피력하였다. 그래서 "일단 철군했다가 겨울에 다시 공격하는 것이 어떻겠냐"며 두예(杜預)에게 의중을 물었다. 다른 장수들도 현재 상황상 일단 철군에 찬성하는 분위기였다.

그러나 두예는 단호하게 말했다.

"지금 아군의 사기는 마치 '대나무를 쪼갤 때의 맹렬한 기세(破竹

之勢)'와 같다. 대나무란 일단 두세 마디만 쪼개지기만 하면 그 다음부터는 칼날을 대기만 해도 저절로 쪼개지는 법인데, 어찌 이런 절호의 기회를 놓칠 수 있단 말인가."

두예의 예상대로 사기가 충천한 진의 군사들은 단숨에 오나라 도읍까지 진격했고, 오나라 왕은 결국 항복하고 만다. 이로써 사마염의 진나라는 중국을 통일했다.

인공지능(AI), 챗 GPT 등 파죽지세로 기술이 발전하는 요즘에는 언뜻언뜻 예전의 하이텔, 나우누리, 천리안 시절이 떠오른다. 불과 30년 만에 이런 천지개벽이 일어날 줄은 꿈에도 생각하지 못했다.

6.
하이텔, 나우누리, 천리안 시절

- 최초의 동호회 활동의 추억 -

고등학교 2학년 때 우리나라 최초의 8비트 '삼성 SPC-1000'을 접하게 되었다. 메모리가 64KB, 보조 기억장치로 카세트테이프를 사용하는 것이었다. 경북 영주의 집에서 이 컴퓨터에서 돌아가는 프로그램을 구입하려면 서울 청량리까지 4시간 반 기차를 타고 서울까지 가야했다. 처음 사용하는 컴퓨터라 공부하기도 힘들고 프로그램을 작성해서 실행시키기도 어려웠지만, 최초의 국산 개인용 컴퓨터라는 것에 흥분했던 기억이 난다.

그러다가 매킨토시 컴퓨터를 접하게 되었고, 거기에다 전화선을 통신선으로 사용하여 전국에 있는 사용자들과 컴퓨터 통신을 하게 되었다. 컴퓨터 간 속도는 지금의 수십GB 속도는 아니지만 그래도 새로운 세상이었다. 당시 컴퓨터 통신을 제공하던 업체는 하이텔, 나우누리, 천리안 등이 있었는데, 나는 그중 천리안에서 IBM 호환 컴퓨터가 아닌 다른 운영체제를 사용하는 NICE 동아리 활동을 시작했다.

그 당시에는 컴퓨터로 채팅을 하거나 게시판을 통해 컴퓨터에 대한 정보를 공유하곤 했는데, 주로 해외의 정보를 가지고 와 사용하거나 한글화하는 작업을 하였다. 물론 지금처럼 강력한 워드 프로세서 프로그램이나 다른 응용프로그램은 없던 시절이었다. 그 당시 치열했던 논의 중 하나는 유명 안과 의사이자 한글 운동가이신 공병우 박사님(1906~1995)의 '한글 전용' 주장이었다. 80세가 넘으신 분이 매일 같이 우리 생활에서 한자를 쓰지 말고 한글만을 사용해야 한다는 주장을 매일 한 페이지씩 올리곤 하셨다. 대단한 열정이었다. 그 분의 주장은 일리가 있지만, 이미 오랫동안 사용한 한자를 포기하는 것은 어려웠다. 그리고 지금의 한글을 컴퓨터에서 표현하기 위한 조합형 한글과 완성형 한글 둘 중 어느 것을 표준으로 정할지에 대한 논의가 활발하였다.

또한 서로 누구인지 모르고 얼굴이 보이지 않은 상태에서 서로를 어떻게 부를까에 대한 호칭에 대한 논의도 있었는데, 오랜 논의 끝에 이름 뒤에 '님'이라는 호칭을 쓰기로 하였다. 그 당시에는 8비트, 16비트, 그리고 겨우 32비트 컴퓨터가 나오기 시작했고, 우리들은 활발한 토론과 새로운 정보 공유로 새로운 컴퓨터 세상을 열어 가기 시작했다. 지금 많이 쓰이고 있는 한글이라는 워드 프로세서와 백신 프로그램의 첫 번째 버전이 사용되기 시작했을 때였다.

많은 사람들이 어떤 주제에 대한 토론을 하다 보니, 심각한 갈등과 싸움도 발생하곤 했다. 결국 통신망에서의 에티켓 규정을 만들어 이를 해결해 나가는 일도 하였다. 그 당시의 프린터는 모두 9핀 혹은 24핀 프린터였고, 모두 흑백이었다. 통신 속도는 느려서 프로그램 하나를 다운로드받는 데에도 몇 시간이 걸렸다. 통신은 모두 전화선을 이용해야 해서 밤 12시가 지나서야 활발한 컴퓨터 통신이 되곤 하였다.

컴퓨터에서 한글을 어떤 방식으로 구현할 것인가? 외국어로 된 상용 프로그램을 어떻게 한글화 하는가? 기본적이고 필수적인 응용 프로그램은 어떤 것을 선택 할 것인가에 대한 논의들이 지금에 와서 정착 되었다고 말할 수 있다. 그 당시 NICE 동호회가 가장 활발할 때의 회원수는 2000명 정도였고, 이러한 역사적인 논의를 했다는 데에 작은 자부심을 느끼고 있다. 또한 자정 넘어 느려터

진 통신망을 부여잡고 나의 의견을 한자 한자 적어가던 추억은 영화 한편을 다운로드 받는데 몇 초가 걸리지 않는 요즘 시대에서는 맛볼 수 없는 낭만이기도 했다.

-공병우 박사 한글한영 타자기 신문광고-

대기만성(大器晩成)

大 : 큰 대, 器 : 그릇 기, 晩 : 늦을 만, 成 : 이룰 성

큰 그릇은 늦게 이루어진다는 의미.
나이가 들어 성공을 함.

중국 위(魏)나라 조조의 총애를 받던 장군 최염(미상~192년)에게는 최림(미상~244)이라는 사촌이 있었다. 최림은 사촌 최염 장군에 비해 체격도 왜소하고 사회적인 지위도 보잘 것이 없었다. 모든 친척들이 최림을 비웃고 하찮게 여겼지만 최염 만은 사촌의 가능성을 높이 평가하고 항상 격려하며 용기를 주었다.

"큰 종이나 큰 솥은 그렇게 쉽사리 만들어지는 것이 아니지 않은가! 마찬가지로 큰 인물이 성공하기까지는 매우 오랜 시간이 걸린다. 나는 너도 그처럼 대기만성형이라 생각한다. 용기를 잃지 말고 노력을 게을리 하지 않는다면 필시 자네는 큰 인물이 될 것이네."

성공의 반열에 오른 최염에게서 이런 조언을 받은 최림은 더욱

맡은 바 업무를 성실히 하였고, 결국은 사촌의 지위보다 더 높은 재상인 삼공(三公)이 돼 조조의 아들 조예를 최측근에서 보필하는 자리에 오르게 되었다.

노자(기원전 570~479으로 추정) 41장에 보면 도(道)를 설명하며 최염이 최림에게 언급을 한 '만성(晩成)'이 등장한다. 그러나 의미는 다르다.

"매우 밝은 도는 어둡게 보이고, 앞으로 빠르게 나아가는 도는 뒤로 물러나는 것 같다. 가장 평탄한 도는 굽은 것 같고, 가장 높은 덕은 낮은 것 같다. 몹시 흰 빛은 검은 것 같고, 매우 넓은 덕은 한쪽이 이지러진 것 같다. 아주 건실한 도는 빈약한 것 같고, 매우 질박한 도는 어리석은 것 같다."

또한 '큰 네모는 모서리가 없고, 큰 그릇은 늦게 만들어진다(大方無隅 大器晩成). 아주 큰 소리는 들을 수 없고 아주 큰 형상은 모양이 없다(大音希聲 大象無形)'라고 돼 있다. 그 이유로 노자는 "도는 항상 사물의 배후에 숨어 있는 것이므로, 무엇이라고 긍정할 수도 또 부정할 수도 없기 때문"이라고 밝힌다. 여기에서 만성은 늦게 이루어진다가 아니라, 아직 이루어지지 않았으며 이루어질 가망성도 매우 희박한 것으로 예측하고 있다.

그러나 위나라 황제 조조의 최측근이 된 최림의 일화에서 '만성'의 의미는 완전히 바뀌어 전승되고 있다. 여기에는 많은 의미를 내포한다. 노자가 언급했건 미완성의 만성을 완성의 만성으로 바꾼 최염의 안목과 배려가 있었기에 최림은 성공할 수 있었다. 여기에서의 만성은 단지 물질적인 성공보다는 그를 알아봐주는 타인의 분별력과 장기적 식견이 필요하다.

원래 최염은 원소(袁紹, 154~202년) 수하에 있다가 조조가 모든 권력을 손에 넣자 조조의 밑으로 들어가며 승승장구한다. 그러나 이후 태자책봉에 대한 이견을 굽히지 않다가 모든 관직을 삭탈당하고 이후 자살하며 생을 마친다. 반대로 최림은 비록 늦었지만 모든 요직을 차지하며 최고의 위치에서 생을 마무리했다. 이렇듯 '대기만성'은 최림의 성공신화와 더불어 세기를 거듭하며 많은 청년들의 좌우명으로 희망의 매시지를 전해주었다.

인생에서 중요한 건 시간이 아니라 나침반이다. 방향만 제대로 잡는다면 지금 남들보다 늦는 것은 아무렇지도 않다. 나의 나침반 교육철학이 자리 잡은 것은 그 즈음이다.

7.
스물넷 시간강사와 교육철학

- 번개처럼 나의 뇌를 가른 '눈높이 교육' -

대학 4학년이 되어서도 취직은 되지 않았다. 오랫동안 준비했던 유학도 막막했다. 유학을 갈 실력과 형편이 되지 않았다. 대학원에서 공부를 더한 다음에 진로를 결정하기로 하고 내가 배운 전공이 있는 대학원을 조사했다.

오후 한나절을 도서관에서 각 대학원 편람을 보다가 마침 경북대 산업대학원 석사과정 전자재료 전공이 있다는 것을 알게 됐다. 지금 생각해보면, 한나절 손품을 판 것이 석·박사 학력과 이후 35년간 미래를 결정하는 중대사였다.

집은 경북 영주시에 있고 대학원은 대구에 있으니 차로 2시간

30분 거리였다. 대학원 입학시험을 치르고 합격자 발표 후 학교에 가보니 '아! 내가 진학한 대학원은 일반대학원이 아니었구나' 하는 깨달음이 뇌리를 스쳤다. 진학을 할 때만해도 '산업대학원'이라는 호칭을 별로 신경 쓰지 않았다. 사실 일반대학원과의 차이도 잘 몰랐다. 산업대학원, 보건대학원 같은 특수대학원은 학과 졸업 후 진학하는 일반대학원과 달리 직장인이나 일반 성인의 재교육을 위해 주로 야간에 수업을 진행하는 대학원이다.

수업이 주로 저녁 퇴근 후에 이루어지고 밤늦게 끝나다 보니 일 주일에 3, 4일 수업이 있는 날이면 2차선 도로를 140km가량 운전하고, 6시간 수업을 듣고 다시 밤늦게 돌아오곤 했다. 그러다 석사 2년차가 된 어느 날, 강의를 하던 교수님께서 "자네. 연구실로 잠시 오게"하셔서 가 보니 "함께 연구를 해보자"고 제안하셨다. 그렇게 해서 전공분야 중 아주 얇은 박막으로 반도체 재료를 연구하시는 교수님을 지도교수로 모시게 되었다.

지금이야 석·박사 과정 통합 운영 등 석사 과정을 2년 이하로 마칠 수 있는 여러 과정이 있지만, 1990년에는 일반대학원 석사는 2년, 산업대학원은 2년 반 과정을 수료한 뒤 반드시 논문을 작성해 대학원생들 모두가 모인 자리에서 발표를 해야 했다. 세 차례 걸쳐 심사위원 교수님들의 심사를 받아야 학위를 받을 수 있는 엄격한 과정이었다.

석사 학위는 비교적 쉽게 받는다고 하는 분들도 있지만 나는 군생활 6개월을 포함해 3년 반(1990년 3월 입학~1993년 8월 졸업)을 석사 과정을 거쳤다.

그러던 1993년 2월 어느 일요일 아침, 늦잠을 자다가 옆 실험실 박사 선배님이 모 대학에 전임강사로 가게 되었으니 학생들에게 수학과 컴퓨터 등을 강의해 달라는 전화가 왔다. 이때까지 난 대학 교수님은 오랫동안 연구를 하고 강의를 해서 고매한 인격과 위대한 지성인만이 할 수 있는 일이라고 생각하고 있었고, 내가 대학에서 강사로 학생들을 가르친다는 것은 전혀 상상해 본적이 없었다.

그러나 경북대 대학원 분위기는 선배의 말을 꼭 들어야 하는 학풍이었다. 약속한 시간에 강의를 해야 하는 전문대에 갔더니 나를 오라고 한 선배님은 이미 다른 4년제 대학 전임강사로 임용됐고, 처음 보는 전기과 학과장께서 나와 경북대 대학원 전기과 출신 박사 1명에게 시간강사 임명을 통보했다. 그 전문대 전기과는 신설학과로 전임강사 1명과 나를 포함한 시간강사 2명이 전기과의 모든 교과과정을 가르치게 됐다. 내 나이 스물넷이었다. 당연히 전기과 학과장은 내가 제대로 가르칠 수 있을지 염려했다.

나는 당시 전기과를 비롯해 전자과 강의도 맡게 됐는데, 전자과 교수들도 노골적으로 나의 강의 실력에 우려를 나타냈다. 또 다른 전자과 한 교수는 "100와트(W)짜리 스피커에서 50와트 출력이 나오는 것과 50와트짜리 스피커에서 50와트 출력이 나오는 건 다르지"하며 비꼬기도 했다.

어쨌든, 1993년 2월 말부터 주당 12시간 이상 강의와 실습, 그리고 학과 업무는 지금 내 교육경력의 시작이었다. 월~금요일 전기과 학과장 연구실에 상주하며 매일 대학에 출근했다. 1993년 강의를 처음 시작할 때는 어떻게 말을 해야 할지 몰랐다. 오늘 내가 강의실에서 해야 할 일들을 영화 대본처럼 외웠다.

1. 눈을 뜨고 학생들을 뒤에서 앞으로 쳐다본다.
2. "자 다들 왔죠? 그럼 출석을 부르겠습니다."
3. "지난 시간에 어디까지 배웠죠? 기억나는 게 뭐죠?"
4. 오늘은 이것이 가장 중요한 내용이고 이렇게 설명한다.

이처럼 언제 어디를 보고, 언제 무슨 말을 하고, 언제 침을 삼키는지, 그 시간에 내가 할 말과 행동 모두를 적은 각본을 작성해 노트북 워드 파일로 만들어 교단 위에 두고 강의를 시작했다.

강의를 시작하고 얼마 되지 않은 어느 날, 수학 강의를 하면서 칠판에 수학 문제 풀이 과정을 하나하나 적으며 설명했다. 적고 설명하고를 반복하다보니 금방 칠판이 꽉 찼다. 학생들이 다 받아 적은 후 칠판을 지우면서 슬쩍 뒤를 돌아보니 50명 넘는 학생들의 필기 소리만 들려 흠칫 놀랐다. 한 명도 다른 짓을 하지 않고 수업에 열중하는 걸 보니 순간 소름이 돋았다.

다음 시간에도 학생들이 여전히 집중하고 잘 알아 듣고 하니 조금 어려운 문제를 풀기 시작했다. 그런데 맨 뒤에 있던 나이 많은 학생 한 명이 책상을 강의실 뒤편으로 던지고 나가는 게 보였다. 이유는 나도 잘 몰랐다. 그 당시에 아무렇지 않은 듯 나는 계속 수업을 했다. 그 다음 주 강의 시간에 책상을 집어 던진 일에 대해 학생을 야단치지 않았다. '왜 그렇게 했냐'고 묻지도 않았다. 학생들에게 "봄이니 사람의 감정이 왔다 갔다 할 시기이다. 우리 조금만 자기 감정을 조절하며 서로를 도와주자"고 했다. 이후 나는 학생들에게 '화를 안내는 교수'로 불렸고, 교수님들 사이에는 '나이가 어린데도 학생들을 잘 대한다'는 평가를 들었다. 순간의 인내가 불러온 후한 평가를 실감했다.

또 다른 수업 시간, 실습실에서 '컴퓨터 디스크 운영체제'(Disk Operating System·DOS)를 강의할 때였다. 수업은 오전 9시부터 시작해 4시간 수업을 하는데, 9시 정각에서 15분 이상 지각하면 결석으로 처리하는 것이 당시 학칙이었다. 그런데 9시 15분이 되자 학생 몇몇이 계단을 쿵쿵 뛰어 올라오는 소리를 내며 '지각 입장'을 했다. 이유를 물으려고 학생들에게 다가가니 소주 냄새가 심하게 났다. '왜 늦었냐'고 물었더니 다소 충격적인 답변이 돌아왔다.

"교수님. 저희가 어제 다른 과목 시험을 봤는데 도통 아는 게 없어 백지 답안을 냈습니다. 너무 답답해서 새벽까지 술을 마시다가 지각을 했습니다."

그렇다. 이곳은 연구 중심의 대학원이 아니다. 전문대가 아닌가. 학생들이 참여한 수업을 테스트 하는 시험인데 아무것도 적을게 없다면 얼마나 답답할까. 학생 '눈높이'에 맞지 않은 문제를 풀려고 하니 막막했을 것이다. 학생들은 저마다의 소질이 다를 뿐인데 학생들을 이해하지 않고 너무 어려운 문제를 냈구나 하는 생각에 나도 가슴이 먹먹해졌다. 학생들 수준에 맞게 쉽게 가르치고, 쉽게 이해시켜야한다는 생각이 번쩍 번개처럼 나의 뇌를 갈랐다.

그날 이후 수학 수업, 컴퓨터 수업, 실습 등 내가 가르치는 모든 수업에서 나는 나도 모르게 한없이 자상한 보살처럼 미소를 머금고 학생들과 대화를 했다. 수업에 앞서 내가 완전히 이해하고 있는지, 어떻게 하면 쉽게 가르칠 수 있을지를 생각하고 미리 준비했다. 오늘날까지 학생들이 어떤 행동을 해도 너그러이 대하게 된 사건이었다.

나는 '웃는 조커 페이스'라고 생각 하는데, 아내는 '이중인격자(?)'라고 비판했다. 학교에 차를 타고 들어 갈 때 나의 표정은 '아낌없이 주는 사람 얼굴'로 바뀌지만, 집에 오면 그런 얼굴이 아니니 말이다.

무엇이든 보고 느끼는 사람의 마음과 주관 아닐까 싶다. 바다는 항상 모습이 바뀐다. 파도가 잔잔할 때, 파도가 칠 때. 그러나 바다는 항상 그 자리 있는데 누가 바다가 바뀐다 할 것인가. 그 것을 들여다보는 내 마음이 어떻게 보이는지가 결정할 뿐. 이 세상 모든 것이 내 눈을 통해 보는 것이 아니라 내 마음의 눈으로 바라볼 뿐이다. 좋은 마음으로 보면 모든 것이 좋고 아름다워 보이고, 나쁜 마음으로 보면 모든 것이 나빠 보이듯 자기 자신의 마음을 결정 하는 것은 다른 사람이 아닌 바로 자기 자신이다.

1993년 8월 졸업예정자이던 내가 석사 학위도 받기 전에 대학 강의를 시작하니 사실 '과연 내가 이 일을 잘 할 수 있을까'하는 고민도 엄습했다. 그래서 그때부터 지금까지 항상 학교에 가면 차에서 내리기 전에 속으로 이렇게 기도를 한다.

"제가 인격이 높아 학생들이 저를 보고 배우겠습니까. 저는 그런

인격을 가지고 있지 않습니다. 제가 인격이 높은 훌륭한 교수는 아니지만, 오늘 하루 제가 강의할 때 최선을 다해 강의 할 수 있게 해 주시고, 내가 유리하다고 자만하지 말고 내가 불리하다고 비굴하지 않게 해주시고, 학생들은 공부 못하고 머리 나빠 수업을 이해 못하는 게 아니라 내가 쉽게 가르치지 못해 이해를 못하는 것이니 부디 제가 최선을 다해 학생들을 가르치게 해 주십시오."

다행히 학과와 대학본부는 내가 강의하고 학생들 대하는 걸 나쁘지 않게 평가했다. 학기가 끝나지도 않았는데 5월 들어 '다음 학기에도 강의를 해달라'는 말을 들었다.

어쨌든 나의 처음 시간강사 한학기가 지나고 다음 학기도 매일같이 기도하며 학생들을 가르쳤다. 얘기하고 웃으면서 수업을 시작해 웃으며 마쳤다. 그러다 전기과 학과장께서 "권 선생이 학생들을 잘 가르치니 영어와 수학, 그리고 전공을 지금 강의 하듯 쉽게 교재를 쓰라"는 말을 듣고는 1년간의 시간강사 자리를 내려놓았다. 스물 셋 시간강사가 집필과 강의를 병행하는 건 벅찬 일이었다. 시간강사 1년, 몸은 힘들었지만 즐겁고 보람 있는 시간이었다.

경북에서 가장 엄격하게 학사운영을 한다는 경북전문대 강사를 마치고 이듬해 나는 안동간호전문대 전산과 전임강사가 됐다.

촌철살인(寸鐵殺人)

寸 : 마디 촌, 鐵 : 쇠 철, 殺 : 죽일 살, 人 : 사람 인

한 치의 쇠붙이로 살인을 한다는 의미.
한 마디의 짧은 말로 상대편의 급소를 찌름을 비유.

'촌(寸)'이란 보통 성인 남자의 손가락 한 마디 길이를 말하고, '철(鐵)'은 쇠로 만든 무기이다. 따라서 '촌철'이란 한 치도 안 되는 무기를 뜻한다. 즉 한 마디의 쇠가 사람을 죽인다는 의미이다. 아주 짧은 경구나 핵심을 찌르는 말로 남을 당황하게 하거나 마음을 감동시킬 수 있음을 이른다.

이 한자성어는 중국 남송의 학자 나대경의 '학림옥로(鶴林玉露)'에 나온다. 이 책은 당대 최고의 유학자들의 어록과 사회 평론을 모았고, 그의 집에 찾아 온 손님들과 함께 나눈 담소를 기록했다. 그중 종고선사가 선(禪)에 대해 말하는 대목에 '촌철살인'이라는 말을 찾을 수 있다.

"어떤 사람이 한 수레의 무기를 싣고 왔다고 해서 사람을 죽일

수 있는 것이 아니다. 나는 한 치도 안 되는 칼만 있어도 곧 사람을 죽일 수 있다(我則只有寸鐵 便可殺人).”

살인이라고 해서 사람을 죽이는 것이 아니라 마음속 속된 생각을 없애고 깨달음과 해탈의 경지에 이르렀다는 것을 의미한다. 원본의 의미는 오늘날 자주 사용되는 의미와는 조금 다르다. 원문에서 중고신사가 논한 의미는 이렇다.

“아직 깨달음에 이르지 못한 사람은 속된 생각을 없애기 위해 성급히 이런저런 방법을 쓰겠지만 마음을 가다듬고 정신을 통일하며 수양한 자는 깨달음으로 초월하였기 때문에 효과적으로 상대를 제압할 수도 있고, 감동 시키며 무력하게 만들 수 있다.”

즉, 번뇌를 없애고 정신을 집중하여 수양하는 선(禪)의 과정을 중요시 하는 ‘학림옥로(鶴林玉露)’ 대목이지만, 오늘날에는 쓴소리든 풍자든 칭찬이든 상대의 허를 찌르거나 감동을 시키는 간단한 말에 더 방점을 찍고 있다. 그래서 네거티브 전략과 혼동을 할 수 있지만 철학적인 방식을 중요시하는 촌철살인과 네거티브 전략은 엄연히 다르다.

네거티브 전략은 상대방의 약점을 찾아내 비방함으로써 본인이

상대적으로 이익을 챙기려는 전략이다. 수단과 방법을 가리지 않고 부정적이거나 대중의 정서에 반하는 것을 부각시키는 반면, 촌철살인은 적정한 짧은 말을 찾아내기 위해 마음을 가다듬고 정신을 집중해야 한다는 긍정적이고 적극적인 수양의 상태가 기본이 되어야 한다.

고사성어는 시간을 초월하며 살아가는 지혜를 후세에 전해주는 선대의 선물이다. 이 연결고리를 통해 옛 성현의 가르침을 되새기며 우리는 과거와의 교감으로 많은 성찰을 할 수 있다.

그 중에는 무심코 일상에서 흔히 익숙하게 사용하는 고사성어도 있고, 낯선 고사성어도 있을 것이다. 고사성어는 영광스러운 성공, 쓰라리고 참담한 실패, 고통스러운 후회 등의 경험에서 나오는 후세들의 교훈지침이다. 우리가 무심코 사용한 고사성어는 선대의 역사적 인물들과 소통을 하고 있는 것이다. 고사성어에 담긴 역사적 의미를 떠올린다면 더욱 소소한 삶의 재미를 느낄 수 있지 않을까.

'촌철살인'이라는 한자성어의 본래 의미를 접하면 나는 아버지가 떠오른다. 어찌나 핵심을 간파해 나를 바짝 긴장하게 하시던 아버지. 오늘의 나는 나를 낳아주신 아버지의 촌철살인과 나를 깨우치게 해주신 또 다른 아버지의 너그러움으로 채워졌다.

8.
전임강사와 지방대 입시 전쟁

- 내 아버지가 두 분인 이유 -

1994년 안동간호전문대 전임강사가 됐다. 당시 안동시의 인구는 약 12만 명. 안동군은 약 8만 명이었다. 1995년 1월 1일 안동시와 안동군이 통합하면서 20만 명 정도의 도시가 됐다. 그런데 20만 도시에 전문대만 3개교, 4년제 국립대학 안동대도 있으니 안동과 인근 학교 졸업생들로 학교 정원을 채운다는 것은 불가능했다. 학생 모집을 위한 입시 활동은 여름방학 때부터 시작됐다. 대학본부에서 학교 소개 책자와 간단한 선물을 넣은 봉투 200개 정도를 받아 계획표에 따라 교수 2인 1조로 하루에 고교 5곳 정도를 방문했다. 고교 3학년 진학지도실을 노크하고 들어가 '졸업생들을 우리 대학에 보내 달라'는 홍보 활동을 했다. 나중에 계획표에 따라 제대로 방문 했는지, 고교에서는 몇 명 정도를 우리 대학에 보낼 거 같다는 보고서를 거의 매일 제출했다.

그리고 가을이 오면 일단 다른 대학들보다 서둘러 신입생을 확보해야 하니 입학원서와 기념품, 고교 진학지도 선생님들께 드릴 간단한 선물 등을 넣은 봉투 200개를 차량 트렁크에 싣고 다녔다. 방문한 고교의 진학담당 선생님 반응이 좋아 '5~10명 정도 보내주겠다'는 말을 들으면 바로 대학본부에 보고했다. 이른바 '간담회'라는 명목으로 고교 3학년 선생님들과의 저녁식사를 하겠다는 보고를 했다. 선생님들과의 간담회 겸 저녁식사를 가을부터 시작해서 입시 원서 마감일까지 계속됐다. 현재의 국립대 교수들이 상상도 하지 못할 입시전쟁을 20년 전부터 시작한 것이다.

해마다 이러한 노력 끝에 겨우 신입생을 충원할 수 있었다. 그러나 이렇게 정원을 채우는 학교 홍보는 여기서 끝나는 게 아니다. 그 당시에는 '중복 지원'이 많아 100명이 학생 정원이면 3배인 300명까지 예비 합격자로 발표했다. 따라서 일단 합격자 발표 후 오후 5시 은행으로부터 입학금을 낸 학생 명단을 받으면 그 다음은 녹음기가 달린 전화기로 학생들 집에 전화를 해 우리 대학에 등록 의사를 물었다. 만약 다른 대학으로 진학한다면 은행에서 받은 명단에 줄을 긋고 그 다음 합격자에게 전화해 우리 대학에 입학 하겠냐고 또 물었다. 이런 일은 밤 10시까지 이어졌다.

이렇게 인구가 줄고 학생들 인적자원 고갈이 가장 심한 곳이 경상북도 북부 지역과 전라남도 남부 지역이었다. 이제는 이들 지역뿐 아니라 전국적으로 고교생이 부족해 대학들이 정원 채우기가 급급한 실정이 되고 말았다.

그러던 중 1998년 안동간호전문대에 사표를 냈다. 이 대학 임용을 추천한 사랑하는 큰아버지(전 대학 이사장)께서 돌아가셨기도 했지만 여러 이유로 대학원 진학을 결심했다. 그동안은 방학 때만 주로 실험을 하고 나중에 그 결과를 논문으로 발표했는데, 1998년부터는 거의 매일 실험실에서 실험하고 연구했다. 박사 과정 졸업에 필요한 과목도 모두 이수했고, 그동안 배운 전공 시험과 졸업 영어 시험도 마쳤다. 이제 남은 건 박사학위 논문을 쓰고 심사를 받고 졸업하는 일이었다.

지도교수님이 "이제 하산(下山)하라"며 논문을 쓰고 졸업하라는 특명을 내려야했는데, 도통 말씀이 없으시니 나는 기다리며 연구 실험만 계속하고 있었다.

1998년 나의 인생에 큰 영향을 준 일이 또 생겼다. 바로 그해 8월에 아버지가 돌아가셨다. 아버지께서는 1919년 출생하셨다. 아버지께서는 돌아가시기 전부터 내가 박사 학위를 받는 걸 원하지 않으셨다.

"박사 학위 받는 게 어디 쉬운 일이더냐. 너는 그냥 수료만 해라."

이때 나는 박사과정을 모두 수료한 상태였다. 나를 그렇게 나약한 사람으로 보시다니 당시에는 무척 서운했다. 그런데 내가 아버지가 되고 난 뒤에 나는 아버지의 그 말씀을 이해했다. 자식에 대한 염려와 사랑이 들어 있다는 것을 알게 됐지만, 조금 더 부드럽게 말씀하시면 좋았을 텐데 하는 생각을 했다.

"얘야. 너는 박사 학위를 목표로 열심히 공부하되 힘이 들면 박사 수료만 해도 된다. 너는 어차피 대학에서 학생들을 가르치는 교수가 될 건 아니잖니. 남자가 자기 사업을 해야지"라고.

그래서 난 아버지가 두 분이다. 한 분은 '힘드니 그만 해라'고 말리는 아버지와 '너는 무한한 가능성이 있다. 꼭 이룰 거다'고 말씀하신 큰아버지. 그렇게 나에게는 아버지가 두 분이다.

자승자박(自繩自縛)

自 : 스스로 자, 繩 : 줄 승, 自 : 스스로 자, 縛 : 묶을 박

자기가 꼰 새끼로 자기를 묶음.
자기가 한 말과 행동이 부메랑이 되어
자신을 구속하고 어려움을 겪게 됨.

자기가 만든 법에 자신이 해를 입는다는 뜻의 '자승자박'을 연상하면 제일 먼저 생각나는 사람은 독일의 화학자이자 베를린대 교수인 프리츠 하버(1868~1934)다. 1918년 노벨 화학상 수상자이기도 한 그는 제1차 세계대전 당시에 대량 살상용 화학무기를 개발하여 전쟁에 사용하였다. 유태인이지만 독일식 군국주의 의식이 투철했던 그가 개발한 '자이클론 B'는 그의 사후 몇 년 안 되어서 그의 민족인 유태인 말살정책의 일환으로 가스실에서 사용되었다.

또한 같은 예로 책에 가끔 등장하는 프랑스 대혁명 시기에 '단두대'라는 기기를 개발한 프랑스 파리 대학의 해부학 교수인 조제프 기요탱(1738~1814)이 있다. 그러나 기요탱 교수는 의사로서 인도주의 차원에서 사형선고를 받은 귀족을 위해 고안했고, 그도 단

두대의 이슬로 처형되었다는 이야기가 전해오지만 그는 단두대 처형이 아니라 병사한 것으로 확인된다. 그러니 프리츠 하버 교수는 자승자박의 적절한 예이지만 조제프 기요탱 교수는 아니다.

자승자박은 한서(漢書)의 '유협전(遊俠傳)'에 나오는 '자박'에서 유래한 말이다. 원섭이라는 자의 노비가 시장에서 백정과 말다툼을 한 뒤 죽이게 되자 무릉(茂陵)의 태수 윤공(尹公)은 노비를 관리하지 못한 죄를 물어 주인인 원섭을 노비 대신 죽이라고 명하였다.

꼼짝없이 노비의 죄를 뒤집어써 사형에 처해지게 된 원섭은 친구들의 지혜를 빌렸다. 웃옷을 벗어 스스로 줄을 옭아매고 무릉 태수의 앞에 나섰다. 자신의 노비를 관리 하지 못한 책임이 있으니 너무 본인의 억울함을 주장하면 오히려 역효과를 낼 수 있다는 원시안적 판단이었다. 그 판단은 적중했다. 스스로 몸을 묶어 사죄를 했으니 태수의 면도 세워주고 본인도 곤란에서 벗어날 수 있었다.

우리는 순간의 위험에서 벗어나기 위해 많은 핑계를 늘어놓는다. 그런데 이것은 부메랑이 되어, 나중에 돌풍이 되어, 등 뒤에서 무기가 되어 나타날 수 있다는 것을 명심해야 한다. 원래는 궁지에 몰려서 항복의 표시로 자신의 몸을 묶고 관용을 청하는 것이다. 그러다가 자기가 잘못함으로써 스스로 불행을 초래하는 데 비유한 고사성어가 되었다. 자기의 마음 씀씀이나 행동으로 인해 자신에게 피해가 돌아오는 부정적인 의미를 내포하고 있어 사자성어 '자업자득'이나 우리 속담 '곤장 메고 매 맞으러 간다'와 같은 말로 사용된다.

사필귀정(事必歸正)

事 : 일 사, 必 : 반드시 필, 歸 : 돌아갈 귀, 正 : 바를 정/정월 정

모든 일은 결국에는 반드시 바른 길로 돌아가게 되어 있음.
반드시 언젠가 정도로 바로잡힘.

자승자박이 뿌린 대로 거두는 이치로, 과업은 나중에 돌아오기 마련이니 주의해야 한다는 이야기였다면 사필귀정은 옳지 못한 것은 나중에는 없어지고 정의만이 남을 것이라는 이야기이다. 비록 처음에는 정의가 아니더라도 사회에 통용될 수 있고 오히려 정의보다 두각을 나타낼 수 있지만 곧 모든 것은 옳은 이치대로 흘러간다.

의미가 이렇다보니 재판 이후에 사필귀정이라는 말이 가장 많이 등장한다. 그리고 어쩌면 주변에서 인정하지 않는 자신의 처리를 정의라는 이름을 빌려서 합리화하려는 수단으로도 사용되는 경우도 종종 있다. 그렇기 때문에 정확한 사필귀정의 의미를 알아서 사용자의 의도와 상황과 한자성어의 의미가 부합하는지를 따져봐야 할 것 같다.

9.
경제 환경과 신설 학과와의 상관관계

- 중국의 배급제와 경제 발전 -

안동간호전문대학 전산과에 전임강사로 있으면서 1995년 경북대 대학원 센서공학과 박사과정에 입학했다. 지금은 보통 박사학위 과정이 3년이지만 난 5년에 걸쳐 수학 하고, 2000년 8월에 박사 학위를 받게 되었다. 경북대 전자전기컴퓨터공학부 교수님은 약 80명 정도였고, 그중 반도체 전공 교수님은 8분이 계셨다. 역시 내가 지원한 대학원 센서공학과는 내가 학부에서처럼 처음 만들어진 전공이었다. 당연히 대학원 소속의 교수님들은 아직 오시지 않았고, 주로 반도체 전공의 교수님들 수업을 수강했다.

학부도 처음 만들어진 전공인 전자재료, 석사도 전자재료, 박사는 처음 만들어진 전공인 센서공학으로, 그 당시 일반 사회인들은 센서가 무엇인지도 모를 때였다.

물리 센서와 방사선 센서 과목을 배울 때에는 물리학과에 가서 방사선을 전공하는 교수님께 수강하고, 화학 센서를 배울 때에는 화학과에 가서 수업을 받는 이른바 '의과대학식 수업 방식'이었다. 배울 때 내용에 따라 가장 전문가인 교수님들께 수업을 받게 되었다. 대학원 수학 시절 너무나 감사한 것은 거의 매달 국내외 전문가나 원로 분들을 모시고 특강을 한다는 것이었다.

이때 들었던 특강은 아직까지 내게 깊게 남아 있는 것들이 많다. 어느 날 영국에서 오신 분이 특강을 한다고 해서 강의실에 앉았더니, 휠체어를 탄 영국인 교수님이 강의실에서 2시간 동안 강의를 하셨다. 강의 도중 난 영국에서 오시면 14시간 비행기를 타고 와서 또 기차를 3시간 타고 오셔야 대구에 도착 하는데 열정이 대단한 분이라고 생각했다. '정말 열정이란 이런 것이구나'하는 그 때의 감정이 아직도 남아 있다.

또 국내 저명인사들도 특강에 자주 오셨는데, 강의 중 핸드폰을 끄지 말고 전화가 오면 조용히 나가서 받으라는 분도 계셨다. 보통은 강의 전 진동 모드로 바꾸거나 핸드폰을 끄라고 말씀하시는데, 그러시면서 그분은 '전화가 오면 받아라. 그 전화가 여러분의 인생을 바꿔줄 전화일 수도 있지 않느냐'며 당시로는 다소 파격적인 말씀을 하셨다.

경북대 대학원과 중국 베이징(北京)대 대학원과는 공동 연구 결연이 되어 있어, 2000년 이전에 베이징대를 방문한 적이 있었다. 중국은 우리나라와 인구로만 비교했을 때 대학 입학 정원은 우리의 1/3 수준이고, 입학 시험도 3일 동안 치른다. 그러니 베이징대 물리학과에 입학했다면 대단한 수재들이다. 더욱이 대학원생이라면 그 학생의 교육 수준은 매우 높다고 볼 수 있다. 우리 대학원의 한 교수님은 한국말을 하시는 중국인 교수님에게 다음과 같은 말씀을 하셨다.

"요즘은 살기가 좀 어떻습니까?"

"네. 많이 좋아졌습니다. 전에 배급제일 때는 돼지고기를 일주일에 두 번 먹을 수 있었지만, 지금은 먹고 싶을 때 사 먹을 수 있습니다. 교수님들에 대한 대우도 좋아지고 있습니다."

배급제를 지금의 학생들은 아는지 모르겠다. 우표만한 크기에 밀가루, 비누, 돼지고기 몇 그램 이라고 적힌 표가 있는데, 그 표를 배급소에 주면 식량을 받을 수 있는 게 배급제이다. 지금은 머리를 감거나 샤워를 하려면 그냥 수도꼭지를 틀면 되지만, 2000년 그 당시에는 베이징대 학생들에게 3일에 한 번 샤워할 수 있는 표를 발급한다고 했다. 그래서 학생들은 머리에 '까치집'을 짓고는 학술대회 발표를 했다. 외모는 그렇지만 그들의 수학과 물리 실력은 상당한 수준 이상이었고, 우리나라의 독서실 같은 분위기의 대학원생실에서 그들의 눈은 빛났다. 어떨 때는 섬뜩했다.

우리는 대학에 전자공학과나 전기공학과가 있는 걸 당연하다고 생각한다. 그러나 현재 우리가 이런 학교와 학과를 설치해 운영하는 것은 우리나라의 경제 환경 영향 탓이다. 대학설립 초창기에는 '공업과'라는 데가 있었다. 우리나라 경제가 발전함에 따라 공업을 발전시키기 위한 인재를 양성하는 목적으로 설치되었다. 그런 다음 각 가정에서 사용하는 전자 · 전기 제품들이 발전하게 되었고, 그래서 대학에 만들어진 학과 이름이 '가전과'였다. 즉, 가정에서 사용하는 전기제품들을 연구하고 개발하는 목적으로 만들어진 과이다. 전기밥솥, 전기난로 등이 사용되던 시절이었다. 그런 다음 만들어 지게 된 게 공과대학(공대)이고 수학, 물리, 화학 등의 기초 과학에서 이를 응용해 산업시설과 가정에서 사용하는 전기제품을 연구하는 전기공학과가 만들어졌다. 이후 이러한 제품들이 점점 소형화 되고 발전하면서 만들어진 학과가 지금의 전자공학과이다.

곡학아세(曲學阿世)

曲 : 굽을 곡, 學 : 배울 학, 阿 : 언덕 아, 世 : 인간 세/ 대 세

세상에 정도를 벗어날 정도로 아첨하는 것을 이름.

한나라의 4대 황제인 경제(기원전 188~141)는 재위 16년 동안 성군(聖君)으로 불리며 국가의 기초를 다졌다. 특히 그는 인재 등용을 매우 중시 여겼다. 그런데 그의 주변에는 사사로운 실익보다는 국가와 백성을 먼저 생각하며 직언을 서슴지 않았던 원고생(기원전 229~139)라는 인물이 있었다. 강직한 성격 탓에 원고생은 황제의 어머니인 태후를 노하게 만든 적이 있었다. 화가 난 태후는 그를 멧돼지 먹이가 되도록 멧돼지 우리에 가두라고 했다. 경제는 이것이 그를 죽음에 이를만한 죄는 아니라고 판단해 그에게 칼을 쥐어주었다. 그는 멧돼지를 죽이고 유유히 우리에서 나와 낙향했다. 비록 모든 관직에서는 물러났지만 목에 칼이 들어와도 원칙과 법칙을 거스르지 않고 직언을 하는 그는 세간에 널리 회자되었다.

경제가 갑자기 세상을 떠나고 그의 아들인 무제(기원전

156~87)가 즉위하자 다시 원고생을 불러들였다. 무제는 16세에 피로 즉위하였기에 무엇보다 주변의 충신들이 더욱 필요하였다. 그런데 이미 원고생의 나이가 90세였다(후세에는 그의 90세에 기준을 맞춰 그의 생년을 역순으로 거슬러 올라간다). 어린 왕은 전국에서 골고루 유능한 인재들을 등용했다. 이 때, 원고생과 함께 등용된 이가 공손홍이다. 당시 그의 나이도 60세로 관직을 하기에는 나이가 많았다. 그는 워낙에 집안이 불우하여 바닷가에서 돼지를 치며 살았다고 기록은 전한다. 그런데 박학다식했던 공손홍은 원고생을 외면하고 그의 생각에 동조하지 않았다. '흙수저(?)' 출신이 어렵게 다시 관직에 들어왔기에 아무래도 처신에 신중했던 것으로 추측된다. 그런데 원고생은 이런 공손홍에게 냉소적으로 한마디 한다.

"모름지기 선비란 바른 학문을 깨우치고 그 위치에서 말과 처신을 해야 합니다. '바른 학문을 굽혀(曲學, 곡학) 세상 속물들에게 아첨(阿世, 아세)하는 일'이 있어서는 결코 안 됩니다."(무곡학이아세, 無曲學以阿世)

이에 탄복한 공손홍은 그의 제자가 되기를 청했다고 전해진다. 제자가 되지는 않았지만 이후의 행로를 볼 때 공손홍만큼 그 평가가 갈리는 경우도 없다. 공손홍은 태평성대의 한무제 시기에 가장 높은 재상 자리에 올랐다. 무제는 유학을 흠모했지만 가혹할 정도로 법치주의를 숭상했다. 그래서 그런지 무제의 재상 12명 중 3명은 자살했고 3명은 처형당했다.

공손홍은 비록 살아남아 전제군주제의 황제 권위에는 맞서지 않았지만, 자신의 위치에서 바른 정치를 위해 황제에게 부드러운 방식으로 충언을 했다. 군신간의 위치, 상명하복의 의미를 가장 잘 이해했기 때문이다. 그가 비록 아첨꾼이라고 해도 나라를 바르게 이끄는 충신이었지 개인의 욕심에 자리보전을 생각하는 간신은 아니었다. 승상의 자리에 오르는데 비천한 신분이었던 그가 오직 제후만 오를 수 있던 승상의 자리에 올라 전국을 호령한 데에는 그의 검소하고 청렴한 생활이 한몫했을 것이다. 그가 사비를 들여 학문(유학)에 뛰어난 후배들과 친구들을 아낌없이 지원하고, 한시도 학문을 게으르지 않았다는 것은 그가 곡학아세의 주인공이 아니라는 것을 증명한다.

대의를 위한다는 명분으로 거침없는 돌직구로 직언을 하는 것이 중요한 것이 아니라 정말 사심 없이 자신을 희생하는 것인가를 봐야 할 것이다.

이와 비슷한 다른 사자성어로 '아전인수'(我田引水- 我 : 나 아,

田 : 밭 전, 引 : 끌 인, 水 : 물 수, 자기 논에만 물을 대려함, 자기에게만 유리하게 해석하고 행동하는 태도를 지칭하는 말)가 있다.

억지로 맞추어서라도 오로지 자기 이익을 챙기기 위해서 행동하는 것을 의미한다. 아무리 세상이 어지럽다고 할지라도 나만 중심을 잡고 세상이치에 맞는 정도를 간다면 언젠가는 그 빛을 발휘할 것이다.

10.
착한 사람 콤플렉스와 관대한 삶

- 내가 바뀌지 않으면 세상은 바뀌지 않는다 -

TV드라마를 즐겨 보는 편은 아니지만 사극은 종종 '본방사수'를 한다. 10여 년이 지났지만 아직도 종종 생각나는 드라마가 있다. 방영 기간 내내 시청자들의 사랑을 받으며 30%대를 유지하던 스토리 전개가 흥미로웠다. 당시 미국 할리우드 영화에서나 나올 카메라 순간이동을 통한 화려한 액션신은 사극의 또 다른 지평을 열었다고 해도 과언이 아니다.

경북 영주의 성리학적 집안 분위기에서 자란 나의 눈길을 끈 이유는 이 드라마 '추노'가 민초들의 눈물과 땀, 피를 바탕으로 했기 때문이다. 노비들은 반상 차별이 없는 평등한 사회를 꿈꾸면서

"우리도 죽기 전에 큰소리 한 번 내보자"고 하지만 양반들의 감언이설에 회유되고 이들의 농간에 속아 결국에는 일망타진 당하는 비극적 운명을 맞는 모습에는 나도 모르게 주먹을 불끈 쥐었다.

임진왜란과 병자호란을 거치며 조선의 국기는 문란하고 부패한 탐관오리들의 수탈에 백성들은 굶주림과 고통에 허덕인다. 이때 새로운 세상을 꿈꾸며 '개혁만이 조선의 살 길'이라 부르짖던 소현세자가 의문의 죽음을 맞이하고, 권력의 검은 그림자는 유배지에서 세자빈과 세 아들에게 최후의 일격을 가한다. 가까스로 목숨을 부지한 막내아들 원손을 옹립한다. 주인공 송태하는 소현세자의 개혁 불씨를 살려 모두가 평등한 세상을 만들겠다며 거사를 도모한다. 하지만 그조차 매우 거만한 선민의식으로 똘똘 뭉쳤다. 무자비한 양반의 횡포는 반대하지만 본인도 모든 관직과 지위를 박탈당해 노비의 신분으로 떨어진 신세였다.

반상의 차이를 분명히 하고 양반집 규수인 줄 알았던 부인이 알고 보니 도망친 노비라는 사실을 애써 믿지 않으려는 이중적 모습을 보인다. 물론 이후에는 이를 후회하고 바로 잡지만…. 양란이후 국가의 구실을 못하는 조선에서 왜곡된 성리학이 얼마나 민초들을 고통의 수렁에 빠트렸을지 생각만 해도 아찔하다.

공자의 문화와 사상을 정리한 유가사상(유학) 중 성리학은 유학의 한 분파다. 중국 춘추전국시대 공자와 맹자의 유교사상을 중국 송나라 때 주자가 성리(性理)·의리(義理)·이기(理氣)' 등의 형이상학 체계로 해석하였는데, 이를 성리학이라 부른다. 하지만 시간이 지나며 성리학은 양반이라는 절대적인 권력집단을 고착시켜 패쇄적이고 차별적인 신분제를 양산했다. 또한 쇄국정책을 고수했고 중국(명나라)에 의존하게 했다. 권력을 독점하던 양반층은 권력유지에 용이한 농업만 숭상하면서 상공업과 무역 등 전체적인 국가의 경제발전을 등한시했다. 물론 성리학만이 조선의 국운을 망쳤다고는 볼 수 없지만, 결국 이들의 편협한 시야는 사회를 좀 먹게 하고 망국의 길로 이끌었다고 볼 수 있다.

돌이켜보면 조선 건국세력들도 앞선 고려의 정치 폐단의 고리를 끊으려 성리학을 선택했지만 고려의 폐단을 그대로 답습하고 있었다. 아무리 좋은 개혁이라도 배타, 맹신, 독단, 독선의 시대로 접어들면 곧바로 폐단이 된다.

배타, 맹신, 독단. 악습 3가지 중에서 가장 위험한 것은 배타라고 본다. 남을 배척하는 것, 나와 생각이 다르다고, 혹은 나와 정치적인 견해나 사상, 이념이 달라 싫어할 수는 있지만 미워하는 것은 위험하다.

'미워하다'는 밉게 여기거나 밉게 여기는 생각을 직접 행동으로

드러내는 것이고 '싫어하다'는 싫게 여기는 것이다. 성직자가 아니 이상 인간이 전능한 절대 신도 아닌데 세상 모든 사람을 좋아할 수는 없다. 오히려 착한 사람이 되어야한다고 강요하면 더욱 엇나갈 수 있다. 싫은 마음이 있다면 내면에서 해소하고 긍정적으로 치환해야 한다.

다만 싫어하는 마음을 미워하는 마음으로 넘기지 않는 것이 중요하다. 주변을 보면 어릴 때부터 '착한 사람 콤플렉스'에 시달리면서 싫어하는 마음까지도 죄악시한다. 그러니 거절을 못하고 '예스맨'으로 들어주다가 결국 응어리진 마음의 화를 다스리지 못하고 엉뚱한 곳에 분노를 표한다.

가족 간에도 누군가 잠시 미워 할 수도 있고 다툼이 있을 수도 있다. 싫어하는 마음은 자연스러운 것이다. 구성원 간 좋고 싫음이 명확해야 서로 소통과 화합으로 진전되는 관계로 발전할 수 있다. 거절이나 싫은 내색을 하지 않고, 과도한 저자세로 친절하게 할 필요는 없다. 이것은 미덕이 아니다. '착하지 않으면 사랑받지 못한다'고 생각하는 것은 금물이다. 어차피 세상 모두에게 사랑받을 수는 없으니까.

돌이켜보니 나는 싫어하는 마음조차 억누르고 살아온 거 같다. '착한 아이 증후군'으로 부모님 체면과 집인 어른들 말씀을 잘 들으면 착한 사람이 된다니 '착한 사람이 되자'는 강박관념이 생긴 거 같다. 우리 나이 또래 사람들은 대부분 이런 정서가 아닐까 싶다. '곡학아세'는 커녕 '착한 사람'으로서 집안과 지역사회, 국가 공동체에 순응하고 살아온 건 같다. 참고 또 참으면서 살다보니 이제 인생 6학년이 다 되어 간다. 그런데도 이런 성격은 잘 고쳐지지 않는다. 아니, 생각해보면 나이가 들수록 관대해져야 한다는 생각이다. 주변 사람의 실수나 허물에는 관대하게 용서하고 용기를 북돋아주는 것도 좋겠다. 이 나이에 '착한 사람 콤플렉스'를 탓하기보다는 주변 사람을 격려하고 위로하고 용서하고 표현하는 생활이 더 필요하지 않을까.

말기 암 환자의 고통을 덜어주는 호스피스 전문의 오쓰 슈이치가 쓴 '죽을 때 후회하는 스물다섯 가지'라는 책을 보면, 사람들은 죽기 전에 고맙다는 말을 많이 했더라면, 진짜 하고 싶은 일을 했더라면, 조금만 더 겸손했더라면, 친절을 베풀었더라면 같은 후회를 많이 한다고 한다. 누구나 자신의 인생을 돌아보면 자책하기 마련이다. 한 번뿐인 삶, 마지막 떠날 때 후회를 최소화하려면 지금부터라도 남의 가슴을 후벼 파는 말 보다는 관대하게 남을 대하는 마음부터 먹어야 할 거 같다.

대학에서 교편을 잡고 있지만 항상 초중고교생들과 만나고 있다. 도시 환경 및 환경자원, 지속가능성을 위한 친환경 행동, 탄소중립과 환경 가치관 등은 어릴수록 체득하기 좋기 때문이다.

-모 중학교에서-

제2막

나의 삶 2:
도전과 응전

"타고난 능력 없이 교육만 받은 이보다,

교육받지 않았으나 타고난 능력이 있는 이가

영예와 미덕을 얻은 경우가 더 흔하다."

- 키케로(Cicero) -

순망치한(脣亡齒寒)

脣 : 입술 순, 亡 : 잃을 망, 齒 : 이 치, 寒 : 시릴 한

입술이 없으면 이가 시림.
서로 의지하고 있어 한쪽이 없어지면 다른 쪽도 어려움에 직면함.

가끔 이 사자성어를 우리 속담 '이가 없으면 잇몸으로 한다'로 해석하는 분들도 있지만 뜻은 조금 다르다. 우리의 속담은 한쪽이 없어져도 헤쳐 나갈 수가 있다는 의미인 반면에 순망치한은 악어와 악어새처럼 공생관계의 유기적인 결합이어서 다른 쪽도 한쪽의 영향을 받는다는 정반대의 의미이다.

춘추전국시대의 중국 진(晉)나라 헌공(獻公)은 괵(虢)나라를 멸하기 위해서는 우(虢)나라를 거쳐야했다. 진나라 처지에서는 우나라가 길을 터주지 않으면 먼저 우나라를 쳐내야했다. 하지만 우나라와 전쟁을 하는 동안 우나라와 괵나라가 연합하면 세가 커지기 때문에 진나라는 전쟁이 더 힘들어진다. 그래서 진나라는 우나라의 환심을 사기 위해 우나라에서는 구하기 힘든 진귀한 보석과 말을 선물로 주며 사신을 보냈다. 우나라의 왕은 전쟁을 피하기 위해 이를 승낙 하려는데 유독 재상 궁지기(宮之寄)가 반대를 했다. 입

술이 없으면 이가 시리다는 말은 괵나라와 우나라를 지칭하는 것이라며 괵나라가 망하면 다음 차례는 우나라가 될 것이라고 진언했다.

그러나 진나라 사신의 말만 믿은 우나라 왕은 충신 궁지기의 말을 져버리고 괵나라로 향하는 길을 진나라에게 터주게 된다. 궁지기는 차마 나라의 마지막을 볼 수가 없어 우나라를 떠난다. 진나라 군은 우나라가 내어준 길로 나아가 괵나라를 멸하자마자 돌아가는 길에는 우나라를 공격하여 정복해버렸다. 방심하던 우나라는 졸지에 속수무책으로 당하게 되었다. 포로로 잡혀 끌려가는 우나라의 왕은 궁지기의 충언을 받아들이지 않은 자신의 우둔함을 후회하며 머리를 짓찧고 싶었으나, 수레에 묶인 몸이라 그나마도 할 수 없었다고 전한다.

순망치한은 오월동주(吳越同舟, 적대관계에 있는 사람이 이해 때문에 한 배를 탄 경우)와 함께 처세술에서 자주 사용되는 한자성어다. 어찌 보면 귀에 걸면 귀걸이 코에 걸면 코걸이라고 할 수도 있겠으나, 유기적인 인간관계의 처세에서 선조들의 지혜가 담긴 한자성어들은 간과하고 넘어갈 수 없는 말이다.

순망치한이든 오월동주든 우리는 모두 관계 속에서 살아간다.

세상의 모든 이치는 유기적으로 연결되어있다. 그래서 우리는 언제 어디서 어떻게 만나게 될지 모르는 관계라고 하지 않는가.

수술실에 누워보니 세상 이치를 더욱 명확하게 깨닫는 거 같다.

1.
수술과 장애인

- 겪어봐야 마음으로 보이는 것들 -

1993년부터 주당 12시간 이상 강의와 연구, 학생들의 진로 지도, 그리고 박사 과정 수업과 연구를 같이 하다 보니 몸살이 일상이었다. 피곤한 원인을 찾기 위해 간 초음파 검사를 하다가 담낭(쓸개)에서 5mm 정도의 종양이 발견됐다. 정밀검사를 통해 종양은 3개의 가닥과 뿌리가 있는 종양으로 확인됐고, 한 달 뒤 검사에서 7mm 크기로 판정됐다. 이렇게 빨리 커지는 종양은 양성 종양이 아니라 악성 종양이라는 결과지를 받았다. 악성 종양은 암이라는 말도 그때 알았다. 당시 나의 의학 상식으로는 일반적으로 1mm 크기의 암이 1cm 크기로 자라는 데는 약 10년이 걸리는 걸로 알았다. 너무 바쁘고 지쳐서인지 두렵거나 슬픈 마음은 들지 않았다. 사람의 목숨은 하늘에 달렸다고 했다.

주위 권유로 서울 일원동 삼성서울병원에서 한 달에 한 번 종양 크기를 확인하는 검사를 했다. 종양 크기를 재고 따로 약물치료나 항암치료는 받지 않았다. "지금은 치료 시기가 아니니 좀 더 지켜보자"는 주치의 의견을 따르기로 했다. 그 당시 아버지께서도 입원해 치료를 받고 계셔서 아프다는 말을 할 수 없었다. 그저 편두통 약을 받으러 서울의 병원에 간다고 말씀드리고 몇 달에 걸쳐 삼성서울병원에서 검사를 했다.

그러던 어느 날, 초음파 영상 판독 결과 종양이 아니라는 말을 들었다. 종양이면 가벼워서 그림자가 생기지 않는데 종양 뒤로 그림자가 보이니 종양이 아닌 딱딱한 물체로 판명된다는 의사 선생님 소견이었다. 만약 돌이라면 담낭을 절제해 돌만 제거하면 된다고 생각하고 수술 날짜를 잡았다. 날짜는 방학 중에서도 덜 바쁜 날을 선택했다.

그 당시 삼성서울병원은 '보호자 없는 병원'을 운영하고 있었다. 입원 예상 기간인 일주일 동안 입을 속옷과 세면도구를 챙기고, 음악을 들을 이어폰도 준비해 갔다. 경북 영주의 집에서 서울 일원동 병원까지 마땅한 대중교통편이 없어 내가 차를 몰고 상경했다. 주차장에서 일주일치 주차비를 미리 계산하고 입원 수속을 하던 중 문제가 발생했다. 수술 환자가 보호자 없이 왔다고 입원이 거부 된 것이다. 아버지는 입원 중이셨고, 내가 수술 받는다는 말을 할 수도 없어 마땅히 보호자로 나설 사람도 없었다. 입원 수속이 힘들어지자 나는 신분증을 꺼내 '나는 학생들 가르치는 선생이고, 입원이 문제가 되면 입원 수술 보증금 300만 원을 미리 병원에 맡기고 입원하겠다. 이 병원은 보호자 없는 병원으로 운영 되지 않느냐'하고 조용히 항의하고는 결국 입원 허가를 받아 병동으로 올라갔다.

그 때 나는 수술을 하고 상처가 아물면 퇴원하는 줄 알았다. 그런데 병동에 올라가니 몸속 소화기관 근처에 있는 장기를 수술하기 때문에 48시간 금식을 해야 한다고 했다. 수액을 맞으니 배는 안 고플 것이고, '이틀 금식이야 어렵지 않겠지'하고 생각했는데 아뿔싸.

"지금부터 물도 마시면 안 됩니다. 위와 대장을 완전히 비워야 하니 6시간마다 계속 좌약을 넣어 장을 비워야 수술이 가능합니다."

병원에 입원하기 전에는 '이참에 좀 쉬자'라는 생각으로 요양 겸 수술을 받으러 왔는데, 물을 마시지 못하니 입술이 타들어 갔다. 간호사님이 가끔 거즈에 물을 적셔 입술 정도만 닦아 주었는데 물 한 방울이 이렇게 시원 한줄은 차마 몰랐다.

악성 종양이 돌로 판명된 만큼 맘은 편했다. 배에 4개의 구멍을 뚫어 내시경 장비와 수술 장비를 넣고 모니터를 보면서 돌을 꺼내는 수술이니 수술 시간도 짧고 회복도 빠르다고 했다.

다만 공학자인 내 생각과 달리 담낭을 절개해 돌만 제거하는 수술이 아니라 몸에서 담낭을 통째로 적출하는 수술이라는 게 마음에 걸렸다. '내가 담낭 없는 사람이 되는구나, 이젠 쓸개 빠진 사람이 되는구나' 하는 생각에 '웃픈 수술'이라고 생각했다.

수술은 늦은 오후로 예정됐는데, 아침 일찍 레지던트 두 분이 튜브를 가지고 왔다. 오늘 수술 중에 혹시라도 잘못될 것을 대비해 코에 튜브를 넣어 위장까지 닿게 했다. 코에 튜브가 들어가서 위장까지 넣으니 너무나 아프고 불편했다. 튜브 끝에는 식염수통 같은 통을 달아 연결 했다. 내 몸속에서 하얀 액체가 튜브를 타고 통에 고이기 시작했다. 숨쉬기도 힘들고 코 뒤로 넘어가는 튜브는 너무 아파서 괴로웠다. 빼 달라고 몇 번이고 말하려 하다가 어차피 오늘 오후 수술인데 좀 참기로 했지만 너무 괴로웠다. 녹색의 멸균된 수술복으로 갈아입고 침대에 누운 채 수술실로 향했다. 침대에 누워 수술실로 가는 장면은 영화에서 본 장면과 똑 같았다. 내 눈 위로 형광등이 휙휙 지나쳐가는 게, 아쉽고 처연한 과거의 기억뭉치들이 휙휙 지나치는 거 같았다.

수술이 끝나고 입원실로 돌아와 누워서 좀 쉬려고 하는데 또 '무서운 레지던트' 의사 선생님이 들어와 "피 주머니나 고름 주머니를 달 필요 없습니다. 수술이 잘 됐으니 지금부터 병동을 20바퀴 돌아다니세요"라고 했다. 몸에 땀이 날 때까지 걸어야 한다고 단호하게 말하니 따를 수밖에.

배에 구멍을 뚫은 데다 실로 꿰맨 곳이 네 군데인데, 링거 달고 한 걸음 한 걸음 병동을 걷기 시작했다. 그냥 누워 있으면 수술 한 곳이 달라붙는 '폐색'이 발생하면 다시 수술을 해야 하니 아파도 걸어야 한단다. 치유 과정이 이렇게 힘든지는 전혀 예상 못했다.

3~4일을 한 손은 배에 대고 한 손은 링거 스탠드를 잡고 걸었다. 땀이 나게 돌았다. 담당 주치의는 퇴원하고 일주일 후 실밥을 뽑으러 오라고 했다. 실밥을 풀면서 집도의는 '수술 받은 걸 잊어버리고 생활하라'고 했다. 아프다고 하면 점점 더 나약해질 것이고, 고통의 원인이 되는 것을 수술로 제거했으니 다른 생각하지 말고 평소처럼 살라는 말씀이러니 생각했다. 그리고 얼마 뒤에는 갈비뼈가 부러지는 일이 생겼다. 고정밀 엑스레이를 찍는데, 엑스레이를 판독하는 선생님 얼굴이 하얗게 변했다.

"갈비뼈가 부러진 것 같은데 조금이라도 이상하면 큰 병원에 가셔야 합니다. 뼈 말고 다른 게 보이니 특별히 주의하세요."

알고 보니 담낭 절제 수술을 할 때 담낭 기관 옆에 1cm 정도 크기의 플라스틱을 고정해 놓은 것이 보였던 것이다. 내가 이 수술을 받은 걸 모르는 의사 선생님은 갈비뼈가 심하게 부러진 것으로 생각 한 것이다.

지금 생각해 보니 내 몸은 장기 하나가 없고 갈비뼈도 온전한 게 없다. 왼쪽 갈비뼈 3개, 오른쪽 갈비뼈 2개는 부러졌다가 다시 붙어 있는 상태다. 뼈가 다 부러지도록 앉아 있어서 그랬는지 모르지만, 어쨌든 박사 학위를 받는 대가치고는 꽤나 비쌌다. 뼈가 가루가 되고 몸이 부서진다는 분골쇄신(粉骨碎身)까지는 아니더라도, 공부를 한다고 몸을 돌보지 않았던 것도 사실이다.

한참 뒤 부경대 교수를 하면서 나는 또 한 번 큰 수술을 해야 했다. 부경대 주당 수업시간이 22시간을 넘고, 평일 하루는 야간 강의를 하다 보니 몸에 무리가 왔다. 어느 날 화장실에서 세수를 하고 수건을 잡으려 몸을 돌리다가 '악' 소리를 내며 쓰러졌다. 참을 수 없는 통증이 목에서 느껴졌다. 그리고 바로 침대에 누웠다. 목을 움직이지 못하니 몸 전체를 움직이지 못했다. 나 혼자 침대에서 일어날 수 없었다. 실감이 나지 않았다. 화장실에 가기위해 일어나야 되는데 일어 날 수가 없었다. 이런 경험을 해보지 않으면 사실 이해가 가지 않는다. 목에 힘을 줘야 일어날 수 있는데 목에 힘을 주지 못하니 일어날 수가 없었다. 한번 일어나는데 걸리는 시간만 5분 정도. 땀을 뻘뻘 흘리면서 일어나려고 해도 고통과 무력감에 포기해야했다. 그 다음 10분 정도는 쉬고 나서 다시 일어나려고 시도하기를 반복하다보니 1시간이 흘렀다. 화장실은 급했고, 도와 줄 사람도 옆에 없었다. 119 도움을 받을 수도 없었다. 휴대전화가 침대에 없었던 것이다.

한참을 일어나지 못하고 이리 저리 몸을 움직이다 생각이 났다. 일단 몸을 굴려서 엎드린 자세를 하고 그다음 천천히 몸을 침대 밑으로 옮겨 다리가 침대 밖으로 나가게 만들었다. 발목과 종아리, 무릎을 차례대로 침대 아래쪽으로 움직였다. 그런 다음 엎드린 자세에서 무릎을 구부려 닿게 할 수 있었다. 한참을 그 자세로 기다린 뒤 다리를 구부려 일어 날 수 있게 한 다음 엎드린 자세에서 땅에 무릎을 꿇고 양팔로 엎드려 펴기 하는 자세로 일어나는데 성공했다.

2~3일을 이런 식으로 침대에 누웠다가 일어났다. 병원에 갔더니 의사는 경추디스크가 잘못돼 이대로 두면 한 쪽 몸에 마비가 온다고 했다. 다른 방법은 없었다. 수술뿐이었다. 허리디스크 수술한 사람들은 많이 본 터라 그러려니 했다. 마침 방학이어서 수업도 없었다. 그런데 목 경추 수술은 허리디스크와는 달랐다. 일단 허리디스크는 당연히 허리를 열어 수술하지만 목 뒤에는 수많은 신

경이 지나가 허리디스크 수술처럼 뒤에서 수술을 하지 못하고 목 앞을 열어 수술한다. 일단 목 앞을 열어서 기도와 식도를 옆으로 젖혀 놓고 그 다음 파열된 디스크를 제거 한단다. 파열된 디스크를 모두 제거 한 다음 디스크를 대신 할 나의 뼈를 원래 디스크 자리에 집어넣고 이 걸 고정시키기 위해 티타늄으로 된 판과 나사를 사용해 영구히 고정하는 수술이다. 당시 파열된 디스크는 1개였고, 다른 1개는 파열이 의심 가는 상황이었다.

파열된 디스크를 제거하고 대신 내 뼈를 집어넣고 이걸 영구히 못 움직이게 고정하는 수술은 '척추 영구 융합술'이다. 대신 집어넣을 뼈는 골반 뼈를 사용한단다. 수술을 피할 방법도 없고, 이 고통을 계속 지고 살 수도 없었다.

의사 선생님이 "파열된 곳 한 곳만 수술을 원하느냐, 아니면 파열이 의심되는 두 곳을 다 하길 원하느냐"고 묻기에 "선생님의 판단에 맞기겠습니다. 일단 열어 보시고, 수술해야 한다면 두 군데 다 해주십시오"하고 모든 것을 선생님께 맡겼다. 수술이 끝나고 처음 하루는 너무 아팠다. 진통제를 계속 맞았지만 감당하기 어려울 정도로 아팠다. 너무 아파서 5분간 기절 하고, 5분은 정신없이 있다가 5분은 또 통증을 견디다가 기절하는 기절의 반복이었다. 그렇게 아플 수가 없었다. 그러나 48시간이 지나니 언제 아팠냐는 듯 아픈 것이 모두 사라졌다. 목을 고정해 움직일 수 없게 보호구장치를 하고 2주 뒤 퇴원을 했다.

밤에 잠을 잘 때에도 보호구를 착용하고 잤다. 골반 뼈를 잘라 내 목에 넣었으니 엉덩이도 아팠다. 다리로 가는 신경이 바로 뼈를 잘라낸 골반 뼈 위에 지나가니 걸을 때마다 또 아팠다. 목을 움직이지 못하는 나는 밑을 보지 못하니 아주 조심스럽게 걸어야 했다. 수술 6개월 후 나는 지체 장애(척추 장애) 6급 장애인이 됐다. 지금은 오랫동안 재활 운동으로 지팡이 없이 다닐 수 있지만 목을 아래위로 움직이지 못하니 아직도 걸을 때 발에 뭐라도 부딪히면 바로 넘어진다.

그래도 다행이다. 불편한 다리는 왼쪽이고 불편한 손은 오른손이니 나름 밸런스가 맞다. 그게 아니라면 남들은 내가 다리를 저는 것을 금방 알아차렸을 것이다. 수술 이후로는 보이는 모든 것들이 예전 같지 않았다. 종이 박스 폐지를 리어카에 싣고 밀고 있는 할머니, 지팡이를 짚고 있는 할아버지, 혼자 세상을 살아가는 소년 소녀 가장들, 몸이 불편하고 마음이 외로운 사람들이 마음속으로 보이게 되었다. 사람이든 세월이든 우리는 겪어봐야 알게 되는 불완전한 존재들이다.

오월동주(吳越同舟)

吳 : 나라 이름 오, 越 : 나라 이름 월, 同 : 한가지 동, 舟 : 배 주

공통의 어려움이나 이해때문에 어쩔 수 없이
마음이 맞지 않아도 협력하거나 그러는 모습.

'오월동주'는 '적과의 동침'이라는 말로 잘 알려진 고사성어로 신문 정치면에 자주 오르는 사자성어 중 하나다. 중원을 차지하기 위해 중국역사상 최고의 영웅호걸들이 긴박하게 서로 물고 물리던 춘추 전국 시대에는 무수한 한자성어가 만들어졌다. 한 치의 빈틈을 허용한다는 것은 바로 파멸의 길을 자초하는 것이므로, 최고의 전략과 전술을 기반으로 엄청난 살육정쟁의 소용돌이에서 살아남아야 승자로 기록될 수 있었다. 영웅들을 보좌하는 책사들의 두뇌싸움, 유일한 승자가 되기 위한 패권 등을 다룬 소설과 영화, 이야기는 후세들의 상상력을 자극시키며 많은 귀감이 되고 있다.

춘추시대에 오나라와 월나라는 늘 전쟁을 하며 사이가 좋지 않았다. 어느 날 두 나라의 경계가 되는 강에서 오나라 월나라 사람 10여 명이 같은 배를 타고 있었다. 서로가 무시하며 아랑곳하

지 않아 분위기가 매우 좋지 않았다. 배가 강의 한복판에 이르렀을 즈음, 갑자기 하늘이 어두워지더니 사나운 바람이 불기 시작했다. 순식간에 먹구름이 끼고 비가 억수같이 내리더니 거센 파도가 연이어 배에 들이닥쳤다. 배 안은 아수라장이 되었고, 뱃사공들은 돛대에 묶인 줄을 풀어 돛을 펼치려고 안간힘을 썼으나 격렬한 풍랑에 이러지도 저러지도 못하고 있었다. 배가 곧 뒤집히려는 위기의 순간, 오나라 월나라 할 것 없이 젊은 사람들이 앞 다투어 돛대에 달려들었다. 풍랑에 맞서 버티면서 결국 돛을 펼쳤고, 요동치던 배는 안정을 되찾았다.

'손자병법'으로 유명한 손자(孫子)는 '구지편(九地篇)'에서 이 상황을 다음과 같이 묘사한다.

"대저 오나라 사람과 월나라 사람은 서로 미워한다. 그러나 그들이 같은 배를 타고 가다가 바람을 만난다면 서로 돕기를 좌우의 손이 함께 협력하듯이 한다(夫吳人與越人相惡也 當其同舟而濟遇風其相救也 加左右手)."

왼손과 오른손이 호흡을 맞추듯 모두가 한마음으로 행동했기에 위기를 모면할 수 있었던 것이었다. 그러나 역사적 사실에 근거할 때, 오나라와 월나라는 한 번도 공통의 목표를 위해 서로 연합한

적은 없다. 항상 서로의 정점에서 견제와 감시의 끈을 늦출 수가 없었지만, 순간의 방심으로 승자와 패자의 위치는 서로 바뀌며 영원한 승자는 없다는 것을 보여주었다. 따라서 '오월동주'는 원한이 있는 사이라도 어려운 상황에 놓이게 되면 이해관계를 함께해 서로 도와 위기를 헤쳐 나가기 위해 노력한다는 말로 쓰인다. 동주공제(同舟共濟)라는 성어 역시 같은 뜻이다.

2. 국립대 법인화와 성과급 연봉제… 그 뜨거웠던 2011년

- 헌법이 '학문 자유'와 '대학 자치'를 보장한 이유 -

박사 후 과정을 마치고 부경대로 돌아와 보니 학교는 총장 선거철이 되어 있었다. 이젠 조교수이니 나에게도 투표권이 주어졌다. 그리고 선거에 대한 많은 일들이 시작 되었다.

그런데 어느 날 밤, 자다가 무릎이 너무 아파 잠을 깼다. 병원에 가서 검사를 하니 양 무릎 인대가 파열되었다고 한다. 수술은 척추 마취로 하니 별 부담이 없고, 하반신 아래만 마취가 되니 비교적 간단한 수술이라고 들었다. 척추 마취를 하고 나니 수술하면서 수술 도구 소리도 다 들리고 유쾌하지 않은 모든 소리는 듣게 되는데, '차라리 전신 마취를 해 달라고 할 걸'이라는 생각이 들었다.

시간이 얼마나 흘렀을까. 의사 선생님께서 내 상체와 하체 사이를 막고 있는 커튼을 걷으며 모니터로 내 무릎을 보여주셨다. 인대 파열이 아니니 수술을 그만 끝내겠다고 하셨다. 하반신이 마취된 상태이니 당연히 정신이 없고, 수술을 끝낸다고 하니 감사하다고 말하고 병실로 실려 왔다.

인대가 끊어 진 게 아닌 건 다행이다. 다음날 바로 퇴근하라는 기쁜 소식도 좋은데 문제는 척추 마취였다. 척추 아래 부분, 배꼽 아래 부분은 아예 감각이 없기에 지금 내가 화장실을 가야 되는지를 알 수 없었다. 그 찝찝함이란…. 다음에 척추 마취를 한다면 미리 성인 기저귀를 하는 게 좋을 것 같다. 지금 내 방광에 소변이 얼마나 차있는지 알 수 없으니 바지를 버릴 수도 없고 두 다리를 움직일 수도 없으니 막막했다. 게다가 척추 마취는 누우면 어지러울 수 있다고 해서 침대에 앉은 자세로 척추 마취가 다 풀릴 때까지 기다리고 있었다. 그 불편함이란 말할 수가 없었다. 무릎에 십자가 모양의 흉터는 점차 사라져 이젠 잘 보이지 않는다.

그 뒤 교수 선거로 선출된 신임 교수회 회장께서 같이 일해보자고 하셔서 교수회 일을 하게 되었다. 일종의 '교수 노조' 같아 보이지만 대학의 최고 의결기구인 대학 평의회 의장을 교수회장이 하고 교수회 임원인 나도 당연직으로 평의원에 참석하였다. 그 당시 교수회와 평의원회에서 기성회계 예산 심의 의결을 했다. 나는 당연직으로 대학의 기성회계 예산 심의를 맡게 되었다. 공과대학 소속일 때도 공대 기획위원 일을 하면서 예산 심의를 맡아했지만, 800억 원의 기성회계 심사 자료는 양이 많고 복잡했다. 또 대학 각각의 부서가 요구하는 사업에 대한 심의를 해야 하기 때문에 시간도 많이 걸렸다. 한번 일을 하면 그 사업에 대한 담당자분들과 만나 토론하면서 진행해야하기 때문에 많이 힘들었다.

나는 1994년에 안동간호전문대에 있을 때 학교 예산을 심의 하는 일을 했기 때문에 학교의 운영에 대한 기본적인 지식과 심의 방법은 이미 알고 있어 그나마 다행이었다. 일이 어려운 것이 아니라 나와 다른 사람들의 의견을 조율하는 일이 힘들었다. 대학 본부에서 요구하는 기성회 예산안과 각 본부 산하 기관 요구 사항, 각 단과 대학 및 기관들의 요구사항, 그리고 학생회 예산까지 결정해야 하니 각각 다른 사람들의 요구 사항을 모두 수렴하는 일들이 어려웠다.

아직까지 부경대 졸업생들은 졸업 앨범이 없다. 졸업 사진이 나오는 '하드 카피' 책으로 된 앨범이 없다. 학생들이 졸업 앨범을 구입하려면 각자 돈을 내고 사야 하니, 컴퓨터에 들어가는 CD로 졸업 앨범을 제작하면 훨씬 더 비용을 절약 할 수 있다. 지금도 졸업 앨범은 CD로 만들어진다.

국비를 제외한 기성회계에서 대학을 운영하려면 예산이 부족하다. 예산이 부족하다고 사업 자체를 취소 할 수도 없어 대학은 항상 돈이 부족하였다. 이것을 해결하기 위해 머리를 쥐어짜고 다른 대학의 좋은 아이디와 방안을 참고했다. 결국 국비예산과 기성회계 예산 중 전년도와 전전년도 예산을 비교해 중복 되는 사업을 찾아 실제로 사용된 금액을 확인했다. 사업이 부진하거나 불필요한 예산은 줄이고, 각 부서의 작게 남은 예산들을 모으고 절약해 결국 원만히 처리 할 수 있었다.

대학의 교수회 임원이 되면 매달 전국 국립대학 교수회 연합회의 회의에 참석해야 한다. 매달 전국의 국립대학을 돌면서 열리는 회의다. 그 당시 국립대학의 큰 이슈는 정부의 '국립대학 법인화'였다. 정부에서 국립대학을 법인화 하는 것을 강제하고 있었고, 국립대학 교수회의 대부분은 법인화에 반대하고 있었다. 반대를 위한 반대가 아니라 세계적으로 국립대학을 법인화한 사업들에 대해 연구했고, 일본 대학의 법인화에 대해서도 연구하였다. 2년 넘게 국립대학 법인화에 대해 저항한 결과 현재 국립대학 법인화는 서울대학교만 하고 있다.

나는 국립대학 법인화를 반대하는 여러 노력을 했다. 세미나와 토론회 등은 물론이고 때로는 물리적인 행동으로 국립대학의 법인화를 막았다. 그러던 중 교육부의 대학 법인화 정책 추진은 동력이 떨어졌고, 대신 엄격한 비즈니스 모델을 국립대학에 적용하기로 하였다. 즉, '성과급 연봉제'였다. 기업에서처럼 교수들의 교육과 연구, 봉사 실적을 모두 점수화 해 이를 급여에 반영한다는 것인데, 이를 실행하면서 추가 예산 배정은 없다고 했다. 대학 교수 1년간의 성과를 점수화 한다는 것도 어려운 일이지만, 추가 예산 반영 없이 실시한다고 하니 그러면 평균보다 실적이 좋지 않은 교수님들은 월급이 깎이는 일이 예상되었다. 교수회 임원이 아닌 부경대라는 한 대학을 대표하는 교수회장이 돼 국립대학 교수회 연합회와 힘을 모아 싸우는 것뿐이었다. 그래서 나는 교수회장 선거에 출마하기로 결심했다.

대학은 정치권력으로부터 독립 되어야 '진리 탐구'라는 본래의 사명을 다할 수 있다고 생각에는 변함이 없다. 우리 헌법이 학문의 자유와 대학의 자치를 기본권으로 보장하는 이유도 이 때문이다. 그 당시 이른바 법인화와 성과급 연봉제 등 '국립대 선진화 방안'이 실현되면 국립대학의 독립성이 크게 떨어지게 되었다. 당시 교과부가 추진하려는 성과급 연봉제는 추가 지급되는 인센티브를 통해 교원의 능력과 업적을 높이는데 자극을 주고자 하는 것이 아니라, 인건비 총액은 그대로 두고 중간 등급 이하의 연봉은 삭감하고 그 삭감한 금액을 중간 등급 위의 상위 등급에 추가 지급하는 방식이었다. 이런바 '총액 제로' 즉, '제로섬(zero-sum) 방식' 이었다. 업적 평가에서 하위 등급을 받은 교원의 연봉을 상위등급을 받은 교원에게 지급하는 '약탈식' 성과급제는 교수들의 무한경쟁을 부추기고 학문공동체를 파괴한다고 믿었다. 개별 교수들 사이의 순위 경쟁에 불과했다.

그리고 과연 대학 교수의 성과를 1년 단위로 측정하고 평가할 방법이 있을까? 순수 학문과 응용과학에서의 연구 성과를 1년 안에 끝냈다고 하는 것은 불가능하다. 수년간 관찰하고 실험하는 연구가 대부분이다. 교육과 연구를 모르는 소수의 관료가 편의주의 행정을 위해 학문의 연구 목표가 1년 안에 모두 이루어진다고 가정하는 것이다. 이렇게 되면 오랫동안 연구해야 하는 학문의 자유와 대학의 자유라는 헌법적 가치는 사라지게 된다. 그리고 대학 교원의 권리와 지위가 격하되는 사태가 발생하게 되는 것이다.

나는 지금도 국립대학이 살아야 나라가 산다고 생각한다. 성과급 연봉제는 대학 사회에 극심한 분열을 조장하고 교원의 사기저하와 의욕 상실을 일으키고 결국에는 국가의 경쟁력마저 약화 시킬 것이다. 우리나라의 교원은 오랫동안 고등교육을 받고 연구와 강의 등 수련과 훈련을 통해 국가의 인재를 길러내는 사람들이다. 그런데 이 교원의 연봉과 대우를 매년 조금씩이라도 올려주는 대신에 이렇게 심하게 낮추어 버리는 결과를 정부가 자초한 것이다. 이렇게 되면 모두가 높은 연봉과 좋은 대우를 받는 다른 곳으로 직장을 옮겨가려 할 것이다. 교과부는 성과급 연봉제를 도입하기 전에 어떠한 선행연구나 협의 없이 갑자기 강제적으로 시행한 게 문제였다.

결국 '국립대학 선진화 방안' 일환으로 도입된 '교원 성과급적 연봉제'는 누적가산금의 형평성 문제와 격차 문제, 다른 전공 간 상대평가의 부적절성, 논문 중심의 업적 관리로 인한 학생지도 소홀, 다학제 연구와 융합연구 위축 등 여러 문제가 발생하고 있다. 연구 완성도를 갖춘 논문보다는 학술지 심사기준을 통과할 수준으로 쪼개서 투고하는 게 현실이다. 나는 이 문제에 천착하며 부경대 교수회 회장에 출마했으나 아쉽게 낙선했다. 그러나 2011년 그해는 뜨거웠다.

명불허전 (名不虛傳)

名 : 이름 명, 不 : 아닐 불, 虛 : 빌 허, 傳 : 전할 전

이름은 헛되게 전해지는 법이 아니라는 의미.
이름이 널리 알려진 데는 그럴 만한 까닭이 있음.

빈 수레가 요란하다는 말도 있으나 높은 명성이나 가치 있는 명예는 모두 그럴 만한 이유가 있다. '명불허전'이라는 한자성어로 TV프로그램의 타이틀로도 여러 번 쓰였다.

그 중 하나는 시사교양프로그램으로 각계각층의 대중에게 존경받는 명사들을 초대해서 그들의 삶을 이야기 하는 인터뷰 형식의 토크 프로그램이었다. 또 다른 프로그램은 잊히지 않는 경기, 선수 혹은 명장면을 재구성하는 프로그램이었다. 이렇듯 명불허전의 이야기는 모두 분야의 비범한 사람이나 존재에 대해 다루었다.

어쨌든, '명불허전'이란 말은 사마천의 '사기(史記)'에 춘추전국시대 맹상군(孟嘗君)이라는 재상에 관한 기록을 전하면서 생겨났다. 맹상궁은 르네상스시대 귀족들처럼 다양한 재능이 있는 인재는 물론이고, 달리기를 잘하는 사람, 닭 울음소리를 잘 내는 사람 등 온갖 재주를 가진 사람들을 손님으로 맞아 극진히 대접하면서

보살폈다. 어느 날 한 손님이 맹상군만 산해진미로 된 식사를 먹는다고 오해를 하고는 집을 나가려 하였다. 이에 맹상군이 손수 본인의 밥상을 가져와 오해를 풀었는데, 미안한 마음과 수치심에 스스로 자결했다고 한다. 이렇듯 손님을 가족처럼 보살폈던 맹상군은 나중에 모함을 받아 관직에서 파면당하고 사형 위기에 처했을 때 과거 손님들의 도움을 받아 후일을 도모할 수 있었다고 한다.

후에 역사학자 사마천은 자신의 저서에서 일화를 소개했다. 맹상군의 영지였던 지역의 풍습을 따르는 사람들이 넓게 퍼져있어 그 까닭을 물으니 "맹상군이 천하의 협객과 간사한 자를 불러 모았으니 그의 땅에 들어온 사람이 대략 6만여 가호(家戶)나 되었다"는 답을 했다고 한다. 그리고 "세상에 전하기를 맹상군이 객을 좋아하고 스스로 즐거워하였다고 하니 그 이름이 헛된 것이 아니었다(世之傳孟嘗君好客自喜 名不虛矣)"고 덧붙였다. 여기에서 파생되어 '명불허전'이라는 이야기가 사자성어가 유래되었다.

'명불허전'! 호랑이는 죽어서 가죽을 남기고 사람은 죽어서 이름을 남긴다고 하였는데, 그 이름의 색깔과 명성은 본인이 책임져야 하나보다. '명불허전'이니까.

3.
국립대 교수와
박사 후 과정

- 프랑스 리모주에서 발견한 교육 -

2000년 8월 25일 경북대 대학원 졸업식 때 박사 학위를 받는 졸업자는 강단에 나가 총장님과 악수를 하고 직접 학위증을 받았다. 내가 받을 순서가 돼 강단에 올라갔더니, 총장님께서 '그래 취업은 했습니까?'라고 물으셨다. 철없고 장난기 많았떤 나는 '총장님 저 경북대 BK21 계약교수 임용 예정자입니다. 빨리 임용해 주십시요'라고 했다.

BK21은 'Brain Korea 21세기'의 약자로, 교육부에서 석·박사급 인력양성을 위해 추진하는 인재양성 지원 사업이었다. 총장님은 약간 당황해 하셨으나 이내 웃으며 나를 보냈고, 다른 학위 수

여자에게 학위증을 주는 수여식을 계속하셨다. 바로 그 다음날 나는 계약교수 임용 발령을 받았다. 당연히 법적으로 박사 학위 소지자만 임용되니 졸업식 이후에 발령을 받을 텐데 내가 괜한 말을 졸업식 때 한 거 같았다.

열심히 강의를 하고 1년 내에 연구실적을 채워야 또 1년 재계약을 하니 1년짜리 수명이었다. 당시 다른 교수님들은 한번 전임강사로 임용되면 정년퇴임까지 근무할 때였다. 그러니 점심은 주로 연구실에 모니터를 보면서 짬뽕을 배달시켜 먹으며 연구를 하고 강의를 준비하는 그런 생활의 연속이었다. 연봉은 2400만 원이었다. 감사하게도 학교 본부에서 세후 연봉 기준으로 해줘서 매달 190여만 원의 급여를 받았다.

그렇게 정신없이 지내던 중 그 당시 교육 공무원은 매 1년 마다 건강검진을 받았는데 검진 결과표에 '간암 의심'이라고 나왔다. 마른하늘에 날벼락! 이제 겨우 1년 계약교수가 되었는데 간암 이라니! 하늘이 노랗게 보였다. 못 먹는 술을 먹고 밤에 한없이 울었다. 간암 의심자는 대구 모 병원에 가서 초음파 검사를 받게 했는데, 한참을 울고 밤을 새고 초음파 검사를 받으러 갔다. 다행히 초음파 검사는 암이 아니었다. 화도 나지 않았다. 그저 탈진했다. 기운을 차리고 '왜 간암이 아닌 사람을 또 초음파 검사를 받게 했냐'

고 물었더니, 그렇게 해야 본인 부담 없이 초음파 검사를 받을 수 있다는 답이 돌아왔다. 10만 원 정도의 금액과 사무처리 규정에 따라 난 며칠 동안 암환자로 살았다. 지옥이 따로 없다. 내 마음이 지옥이니 눈에 보이는 모든 것들이 슬프고 허망했다.

2001년 겨울 어느 날 ,그날도 역시 짬뽕을 먹으면서 논문을 보다가 잠깐 교수 채용 사이트를 검색했다. 부산의 국립부경대 전기과에서 내 전공의 전임강사를 채용한다는 공고를 보게 되었다. 아차! 그런데 마감 날이 바로 그날이었다. 서둘러 이력서와 연구실적들을 부경대 채용 사이트에 입력하고, 이력서와 연구실적물을 모아 봉투에 넣어 부산으로 출발하려는데 아차차! 부경대는 서면 제출하는 이력서 사진이 보통 다른 대학에 제출하는 사진의 2배 크기인 명함판 사진을 붙이게 돼 있었다. 부산에 갈 시간도 부족한데 즉석 사진관에 가서 사진 찍을 시간도 없었다. 마침 가지고 있던 폴라로이드 즉석카메라를 가지고 내가 나를 찍는 '셀프 카메라'로 찍어 원서에 붙이고 부산으로 향했다. 부경대 본부에 도착한 것은 마감 10분 전이었다. 운이 좋았다. 그렇게 나는 선배도 후배도 없는 학교에 공고만 보고 이력서를 제출했다. 다행히 서류전형에 통과하고 한국말로 연구에 대한 발표 1시간, 영어로 연구에 대한 발표 1시간을 한 뒤 다시 대구로 돌아 왔다.

2주 정도 후에 총장님 면접 보는 날이 정해졌다는 연락이 왔고, 2배수 면접이니 나 말고 다른 한 명이 면접을 보고 그 후 결정이 되는 절차라는 설명이 이어졌다. 총장님 면접 전까지 약 1년 반 동안 전국에 있는 국립대에서 내 전공의 교수를 뽑는 곳은 모두 지원했다. 제주대까지 모두 지원한 것 같다. 따라서 총장님 면접이 마지막 임용 절차이니 나도 혼신을 다해 준비했다. 학생들에 대한 교육관, 내가 하고 있는 연구의 진행 방법과 최종 연구 목적 등을 마음속으로 되뇌었다. 면접 당일 오전에 대기실에서 기다리다가 내 차례가 되어 총장님 면접을 보는데, 총장님은 교육관, 연구 목표 이런 것들은 묻지 않으시고 '우리가 돈을 많이 들여 당신 같은 사람을 뽑으면 당신은 다른 데로 가는 것 아니냐'고 물으셨다. 당황한 나는 '열심히 하겠습니다'라고 대답했다. 면접이 끝나고 몇 일 동안 뽑아 주지도 않으면서 '왜 내가 다른 데로 간다는 말을 할까'라고 생각했다. 이게 합격의 말인지 무슨 의미인지 한참을 생각하고 불안해했다.

2002년 2월 초에 부경대 전기과 학과장님으로부터 수업 시간표를 작성해야 되니 학과로 오라고 연락이 왔다. 그 다음 대학본부에서 정식으로 교수 임용 공채에 합격했다는 연락을 받았다. 개강은 그때나 지금이나 3월 2일이고, 수업은 진행되는데 인사 발령장은 3월 중순이 지나도 받지 못했다. 2002년에 부경대에 전임강사

공채로 교수 임용을 받은 사람은 35명이었다. 부경대 역사상 가장 많은 숫자였는데, 그 중 1명의 서류 절차가 늦어져 다른 임용자 34명이 동시에 늦어지는 일이 발생했다. 결국 임용장은 3월 25일 발급되었고, 이 날짜가 중요한 것이 그 뒤 지금까지 두 번의 교육공무원 연금법 개정에서 재직자에게 불리하게 작용해 '25일' 만큼의 불이익이 아니라 더 큰 불이익으로 다가 오게 되었다. 학부 입학부터 박사 졸업까지 그 무엇 하나 쉬운 일은 없었지만 유독 나의 시작은 어려웠고 힘들었다. 내가 이렇게 말하는 이유는 또 있다.

2001년 12월 31일까지 대학 전임강사로 임용된 사람은 만 65세까지 정년을 보장 받으나, 그 이후에 전임강사로 임용된 나는 신분은 교육공무원이지만 대학총장과 계약서를 작성해 처음 3년 동안 연구실적 200%를 채우지 못하면 자동적으로 계약 종료가 되고 학교를 나가야 했다. 그 다음 조교수에서 부교수 승진도 계약 기간과 책임 연구 실적을 제출해야 되고, 부교수에서 정년 보장 교수까지의 기간도 정해진 기간 안에 정해진 연구실적을 제출해야만 65세 정년을 보장 받는 제도로 바뀌었다.

그러니 그 당시 난 명색이 국립대 교수이지 정년 보장은 결국 10여 년 뒤에나 가능하게 되었다. 3개월 앞서 2001년 12월 31일 까지 임용된 교수님들은 임용되자마자 정년 보장교수가 되는 것이고, 2002년 1월 1일 이후 임용된 교수님들은 신분이 불안했다. 매년 제출해야 되는 논문 연구 실적물의 양과 수준은 그 사이 점점 높아만 갔다.

신임 교수, 전임 강사가 할 일이 얼마나 많은가. 강의 연구뿐만 아니라 학과의 모든 힘든 일들은 단지 젊다는 이유 하나 만으로 거의 모두 다 맡아서 해야 했으니 그 동안에 논문을 작성해서 200% 실적을 채워야 했다. 오후 6시 수업이 끝나고 논문을 준비한다고 연구실에 앉아 있었는데, 건물 경비를 하고 있는 경비 아저씨께서 문이 열려 있는 내 연구실 앞에서 “학생! 밤에 건물에 남아 있으려면 ‘잔류계’(야간에 학교 건물에 남게 되면 사유를 적어 내는 서류) 써야 돼”라고 말씀하셨다. 깔끔한 양복 정장에 넥타이를 맨 내가 슬쩍 뒤를 보며 웃으면서 아무 말도 안하니 그 분은 그냥 가셨다. 내가 대학원생인 줄 아셨다 보다. 어째든 2002년부터 나의 강의 시간은 주당 책임 시수는 12시간인데 22시간이었고, 일주일에 한번 야간 3시간 강의를 해야했다.

조교수로 승진한 다음, 학부 때부터 꿈인 해외유학 꿈을 이루기 위해 ‘박사 후 과정’을 신청하기 시작했다. 내 이력서, 내 연구 목록 등을 정리한 e메일을 내 전공과 같은 연구를 하는 미국 대학 교수님들께 많이 보냈다. 영국과 프랑스에도 보냈다. 미국 대학에서

온 답변들은 '미안하다 자리가 없다. 당신 정도면 어디든 갈 수 있을 거니 다른 곳에 신청해 보라'는 식의 답변이었다. 프랑스에는 몽펠리에 대학과 리모주 대학 두 군데 지원했는데 모두 '와도 좋다'는 답변을 받았다.

마침 한 학회 컨퍼런스가 프랑스에서 열린다는 메일을 받고는 몽펠리에 대학과 리모주 대학을 가봤다. 컨퍼런스는 나폴레옹의 고향인 지중해 코르시카 섬에서 열렸다. 마르세이유에서 프로펠러 비행기를 타고 코르시카 섬에 도착해 컨퍼런스에 참여했다. 컨퍼런스 기간 중 내 박사 후 과정을 지도해 주실 리모주 대학 교수님도 만났고 인사도 할 수 있었다. 그분께 몽펠리에 대학도 허락을 받았다고 하니, 프랑스인 특유의 손 제스쳐를 취하며 '거기 가면 뭐 할 거냐. 거기는 반도체 칩 테스트를 하는 곳이다. 칩 테스트만 할래?' 라며 강한 부정의 표시를 하셨다. 컨퍼런스 마지막 날 나폴레옹 기념 건물에서 작은 파티를 하는 시간에 누군가 다가오더니 '몽펠리에 대학에 박사 후 과정 원서를 넣었죠?'라고 묻는 사람이 있었다. 몽펠리에 대학에서 오신 교수님 이었다. 미국에서는 오라는 곳이 없고 프랑스에서는 서로 오라고 하니 참 아이러니 했다.

프랑스 리모주 대학의 물리학과에서 박사 후 과정을 시작했다.

리모주는 파리에서 차로 5시간, 프랑스 남부 도시 툴루즈에서 차로 3시간 거리에 있는 프랑스 중서부 도시이다. 과거 이 곳은 유럽에서 처음으로 도자기를 만들기 시작한 유서 깊은 도시이고, 지금도 유럽의 도자기 생산지로 유명하다. 인구는 10만 명. 그중 학생이 2만 명이다.

프랑스는 우리나라처럼 대학의 차이가 없다. 어느 대학이 명문이고 어느 대학이 안 좋은 대학이란 표현이 없다. 과거 소르본 대학이나 이런 대학의 이름을 모두 없애고 파리 1대학, 2대학, 이런 식으로 대도시에는 도시 이름을 따서 번호를 붙여 대학이름을 만들었다. 지역에 있는 대학도 모두 국립대학이다. 대학의 이름을 없애니 동문, 동창, 선배가 이끌어 주고 후배가 따라가는 학연 집단을 만드는 것도 불가능하다.

모든 대학이 국립이고, 학생들은 등록금을 내지 않는다. 학과 선택도 고등학교 시험 때의 성적으로 대학의 학과를 결정하지만, 학과 입학 정원은 거의 없다시피 하다. 즉, 누구나 일정 성적이 되면 학생이 거주하는 곳의 인근 대학의 무슨 과라도 입학이 가능하다. 그러나 매 학기말 시험을 쳐서 수업을 따라가지 못하면 매 학기 엄정하게 유급을 시킨다. 매학기 매학년마다 많은 수의 학생이 유급된다. 그러니 입학 때는 300명~400명이 들어오지만 졸업 때는 수십 명으로 줄어든다. 1학년 학생들이 많으니 출석도 부르지 않는다. 공부는 학생들이 하는 거니 출석은 중요하지 않다. 학생이 공부하려면 아침 8시부터 시작하는 수업에 들어 올 것이고, 진짜 열심히 공부해야 살아남을 수 있다.

대학생이 학교 근처에 집이 없으면 놀랍게도 시내에 아파트를 제공하는 제도도 있다. 우리나라 대학의 기숙사 개념이 아니라 진짜 아파트에서 거의 무료로 거주 할 수 있다. 물론 프랑스의 아파트는 건물들이 오래 되었지만 어째든 우리 학생들처럼 기숙사비나 자취방을 구하는 데 돈을 쓰지 않는다.

학생들은 소득이 없기 때문에 아파서 병원을 가도 1유로만 낸다. 약값도 사회보장카드를 사용한다. 약값을 지불해도 나중에 학생 계좌로 돈이 들어오니 약값도 무료다. 자산이 많고 소득이 높은 사람은 세금을 많이 내고 세금을 낼 때 자기가 내는 세금이 어디에 쓰이는지 안다. 대학생이나 대학원생들은 등록금을 납부하지 않는다. 오히려 대학원생이 되면 자기가 한 달에 밥을 먹고 생활하는 생활비도 지급된다. 빵, 우유, 유제품, 고기 등 먹을 것에 대한 물가가 우리나라보다 싸다. 아이 기르는 데에도 별로 큰돈이 들지 않는다. 일단 세 살부터 동네에 아이를 봐주는 집이 있다. 교사 출신의 퇴직 선생님이 사는 집에 교사 1명당 2명까지 하루 종일 애를 돌보아 주는 곳이 있다. 여기서는 아이들에게 물도 가장 좋은 '에비앙'을 먹인다. 하루 종일 아이를 맡겨도 내가 지불하는 비용은 거의 없다. 이 비용도 정부의 세금에서 충당된다. 프랑스에서 교육은 세 살부터 시작한다. 그러니 누구나 공부하고 아플 때 치료 받는 것에 대한 돈을 지불 하지 않는다. 사회주의 국가가 따로 없다.

2차 세계대전이 일어난 1939년에 프랑스는 이미 회사원을 비롯한 모든 근로자들에게 한 달의 유급 휴가를 실시한 나라다. 세 살이 넘는 아이는 동네에 있는 공공 탁아소에 아이를 맡길 수 있다. 전문적인 교사가 상주하며 아이들과 놀고 공부하는 곳이다. 우리나라처럼 어린이집 가는 시간과 아이를 데리러 가는 시간을 딱 정해 놓지 않아도 된다. 미리 정해진 스케줄대로 아이를 맡겨도 되고, 말대로 아무 때나 아이를 맡기고 놀러 가도 된다. 아이가 초등학교를 가게 되면 당연히 교복이나 교재 등은 살 필요가 없다. 아이를 학교에 보내는데 전혀 돈이 들지 않는다. 일단 학교에서의 사고 방지 차원에서 등교하는 아이들은 학교 교실로 가지 않는다. 일단 운동장에 다 모여서 출석을 확인한 뒤에야 교실로 들어간다. 참으로 이상한 시스템이었다. 그래서 내가 물었더니, "만약 학생이 교실로 등교하면 그 때 교실에는 학생이 몇 명이 없고 돌보아주는 선생님이 없기 때문에 사고 가능성이 있다"는 답이 돌아왔다.

일단 아이들이 모두 등교하면, 학교 문을 잠궈 외부인의 출입을 막고, 혹시라도 학교에 들어 가려면 선생님들이 계신 교무실을 통과해야만 학교 안으로 들어 갈 수 있다. 부모는 그냥 학교에 애들 데려다 주고, 데리고 오면 끝이다. 지금은 우리나라도 학교 급식을 해서 도시락을 싸가지 않지만, 프랑스도 일찌감치 학교 급식을 했다. 그런데 이 급식 수준이 거의 5성급 호텔 수준이다. 우리나라처럼 식판을 들고 학생들이 움직이면서 음식을 받아 가는 게 아니다. 둥근 테이블에 학생들이 앉으면 음식 만드는 조리사들이 직접 학생들에게 음식을 가져다준다. 식판 대신 도자기로 된 예쁜 접시와 유리컵에 음식이 제공된다. 적어도 4개의 코스 요리가 제공되는데, 마지막에 디저트로 치즈나 아이스크림이 제공된다. 학생들에 제공되는 음식의 수준은 글로 표현하기 힘들다. 프렌치프라이(감자 튀김)는 1년에 한두 번 제공된다. 햄버거나 대량 생산한 소시지 같은 것은 제공되지 않는다. 스파게티 메뉴는 한두 번 나올 법한데 '인스턴트는 음식이 아니다'라고 말한다. 학교에서의 식사도 공부의 연장이다.

조리사가 한 학생들에게 삶은 계란 2개씩 나누어 주는 것을 본 적이 있다. 우리나라 학교였다면 조리 단가 때문에 계란이 통째로 나오지는 않을 것이다. 청량음료를 플라스틱 컵이나 종이컵에 넣고 빨대로 마시는 모습은 상상 할 수 없다. 조리사가 천천히 정성

들여 만든 음식을 먹고 친구들과 얘기하면서 사회성을 배우고 인생을 배운다. 이것도 교육이다. 학교는 미래의 이 나라를 책임질 가장 소중한 아이들을 가르치는 곳이므로 당연히 유리나 도자기로 만든 컵을 사용한다. 학교에는 커피, 콜라 등의 자판기가 없다. 물을 마신다. 이런 게 교육이다.

삼고초려(三顧草廬)

三 : 석 삼, 顧 : 돌아볼 고, 草 : 풀 초, 廬 : 오두막 려

세 번을 오두막으로 찾아감.
삼국지의 유비가 제갈량의 초가 오두막으로 세 번 찾아가 청하여 드디어 제갈량을 책사로 맞아들인 일.

제갈량이 남긴 그의 출사표(出師表)에 보면, 유비가 중국 촉한을 세우고 자신을 도와 중국통일의 대업을 이룰 지략가를 원하였다. 피보다 더 진한 아우인 관우, 장비가 있었으나 아무래도 보다 많은 뛰어난 인재를 영합하여야 조조에 맞설 수 있었다. 우리는 흔히 세 번 찾아간 유비에게 감동을 한 제갈량이 초야에서의 삶을 정리하고 속세에 다시 돌아왔다고 생각하며 3이라는 횟수에 주목을 한다. 그러나 제갈량은 유비의 태도에 탄복했다.

뛰어난 능력의 제갈량을 추천받은 유비는 관우, 장비와 함께 달려갔으나 집에서 나오는 동자는 제갈량은 아침 일찍 나갔다고 전했다. 그래서 할 수 없이 돌아갔다. 다시 제갈량이 돌아왔다는 소식을 들은 그들은 살을 에는 추운 날씨에도 단걸음에 제갈량의 집에 도착했으나 또 어린 동자는 그가 아침 일찍 나갔다는 말만 반복했다. 그래서 유비는 그의 능력과 그를 갈망하는 구구절절한 마

음의 편지를 남겨 놓는다. 유비 일행이 세 번째로 제갈량에게 찾아갔을 때, 유비는 그의 초가집에서 한참 떨어진 곳에서 말에서 내려 걸어갔다. 그에 대한 신의와 존중을 표시한 것이다. 유비는 마루에서 자고 있는 27세의 제갈량을 깨우지 않으려고 관우와 장비를 사립문 밖에서 기다리게 하고, 혼자만 집으로 들어가 댓돌 아래에서 그가 깨어날 때까지 공손히 서서 기다렸다.

이러한 유비의 노력과 진정성에 감동한 제갈량은 그를 도와 전략과 전술을 조정하는 역할을 맡아 유비를 보좌했다. 그의 책략과 조언으로 유비가 세운 촉나라는 나라로써의 역할을 할 수 있었다.

4.
교수라는 직업 & 내가 걸어온 길

- '고요함 속의 움직임' 정중동(靜中動)의 생활 -

어떤 분야의 전문가라고 인정받는 대학 교수님들은 천재가 아니다. 그저 대학원생 시절부터 하던 연구를 하고 또 하고 20년 30년 계속하다 보니 그 분야의 전문가가 된 것이지 천재여서 대학교수가 되고 전문가가 된 것이 아니다. 오랜 기간 동안 같은 분야를 연구하고 또 연구를 하니 전문가가 되는 것이다. 꾸준히 열심히 하면 항상 무엇이든 이를 수 있다. 한 방울 한 방울 떨어지는 물이 바위를 뚫듯이….

고등학교 친구들은 방학만 되면 내가 무엇을 하는지 많이 궁금해 한다. 수업이 없으니 할 일이 없다고 생각하고 '수업도 없는데 월급을 받는다'고 부러워한다. 그러나 '고요함 속의 움직임' 정중동(靜中動)이 따로 없다.

1학기가 시작되면 3월부터 강의를 시작해 6월 말이나 7월 초에 한 학기 강의가 끝난다. 이후 시험 채점을 하고 인터넷에 성적을 올리고, 성적 이의신청을 받고 정해진 기간 내에 교무처에 보고하면 일단 수업에 대한 업무는 한 학기에 끝난다. 그런데 이건 보통의 경우이고, 그 학기 중에 처리해야 하는 일이 있으면 수업도 해야 한다. 학사 업무도 동시에 처리해야 한다. 학교에는 항상 처리해야 하는 일이 있고 수업이 있건 말건 정해진 시간 내에 처리해야 한다. 아무리 작은 업무라도 수업과 별개로 업무를 처리해야 한다. 사람들은 대체로 대학교수는 강의만 한다고 생각한다. 그러나 교수에게는 크게 세 가지 책임이 있다고 나는 생각한다.

첫 번째는 강의 즉, 학생들을 가르치라는 것이다. 전공은 물론 세계적인 추세와 앞으로의 전망 등을 함께 연구해서 학생들에게 잘 가르쳐야 한다. 기본이다.

두 번째는 연구를 해야 한다. 과거에는 한 분야의 연구를 5년, 10년 기간을 두고 평생의 사명으로 장기 연구를 할 수 있었지만, 지금은 1년 내에 그 어떠한 연구도 끝을 내고 이를 저명한 학술지에 발표하여야 한다. 어쨌든 학문이나 전공을 탐구해 시사점을 깨닫고 이를 지식으로 생산하고 학생들에게도 가르쳐야 한다.

논문을 쓰고 수업하는 게 뭐가 어렵냐고 할 수도 있지만, 나처럼 일주일에 12시간 이상 강의하는 사람이면 강의 준비와 강의 후 과제물 확인을 하는 시간이 추가로 소요된다. 보통 1시간 강의에 3시간이 필요하다. 그러니 일주일에 36시간이 필요하다. 이것만으로 주당 46시간 근로시간이 꽉 찬다. 강의 시간 외에 학교 업무와 학생 생활 면담이나 진로상담, 대학원생 실험 프로젝트 지도, 세미나 준비 등을 하다보면 주당 근무시간은 60시간이 훌쩍 넘는다.

학기 중에는 현재 연구하는 분야에 대한 국내외 논문을 읽고, 향후 연구에 대한 방향을 결정하면 함께 실험이나 연구하는 사람들과는 방학기간을 이용해 해야 한다. 그러니 친구들이 '방학 때는 뭐하냐'하고 물으면 참 답답하다. 방학은 단지 수업만 없을 뿐이지 나는 실험하고, 실패하고, 또 실험해서 두 달 내에 연구 결과를 정리해 논문을 써야 한다. 이렇게 준비해서 1년에 석사학위 논문 수준의 논문 한 편을 쓰면 동료 교수님들과 비교해 겨우 중간 정도의 실적 평가를 받는다. 나는 머리가 좋은 편이 아니어서 해외 논문을 읽으며 연구 검토를 하는 데에도 제법 많은 시간이 소요된다. 따라서 내가 생각하는 대학교수라는 직업은 이른바 '3D 직업'

이다. 게다가 하는 일이 손이나 몸을 써야하는 전기 관련 연구가 많다보니 연구도 위험하다.

이 글을 쓰면서 비교적 굵직한 경력을 추려보니 다음과 같다. 2002년 부경대 전임교수 임용을 받고 나서 내가 했던 일을 지금 되돌아보니 '정말 일 많이 했구나'하는 생각이 들어 빙그레 웃음이 난다. 시간은 흘러 어느 듯 이마에 주름살이 생겼지만, 그나마 작은 성과를 낸 거 같아 뿌듯한 마음도 든다.

경력사항

No	기간	근무처	직위
1	2020.04 ~	벤처기업 및 장애인 기업 '장춘테크' 설립(조명 연구 및 생산 기업)	대표
2	2016.11 ~	Secretary–General, of the United Cultural Convention	Secretary–General
3	2016.01 ~	Advisor Directror of the International Biographical Centre, Cambridge, England	Advisor Directror
		International Biographical Association, Cambridge, England	Co–publisher
		General of the International Biographical Centre for Asia Division	Deputy Director
4	2016.01 ~ 2019.04	법무부, 한국사법교육원 부산 시민로스쿨	자문위원

No	기간	근무처	직위
5	2012.04~	전략물자관리원 평가 한국산업기술진흥원 평가 한국산업기술평가관리원 심의 (사)한국산학연 연합회 대중소 기업 사업평가 한국연구재단 평가 한국기상산업진흥원, 기상기자재 도입, 심의위원 정보통신연구진흥원 과제 평가 한국철도공사 '신규 고속철도 차량도입 사업' 선정 심의 조달청 물품 및 용역 구매분야 기술 평가 정보통신부, 전파연구소 신제품인증(NEP) 사업평가	평가위원 및 심의위원
6	2012.04~	국립부경대학교 전기공학과	교수
7	2007.12~ 2008.12	국립부경대학교 기성회계 예산심의위원	위원
8	2004.10~	국립부경대학교 공과대학 발전기획위원	위원

국제적 활동(국제적 연구과제 관리, 국제전문위원회 참여 실적 등)

No	활동
1	21세기 최고의 지성인(21st Century Outstanding Intellectuals)으로 선정, 영국 국제 인명센터 International Biographical Centre 등재 10판 2016년
2	마르퀴스 후즈 후 인더 월드 인 아메리카, (Marquis who's who in the world in Ameriaca) "Contributor" 로서 본판 33판. 등재, 2016년
3	The Sir Isaac Newton Legacy of Honour Award. 2016년, Cambridge, England
4	Companion of Honour(명예훈작) 2016년 IBC, Cambridge, England
5	International Distinction of Cultural Merit as a Engineering Education and

No	활동
6	The order of international Fellowship, for the Interest of all People, 2016년 IBC, Cambridge, England
7	IBC Lifetime Achievement Award, 2016, as a Engineering Education
8	International Order of Distinction, 2016, Cambridge, England
9	Founding member, The Cambridge order of Esteeemed Interllectuals, Award, and 2016, IBC Cambridge, England
10	IBC, Hall of Frame(명예의 전당) Number 2 of 100. NOV. 2016.
11	2017 Albert Nelson Marquis Lifetime Achievement Award, Who's Who Publication.
12	마르퀴스 후즈 후 인더 월드 인 아메리카 (Marquis who's who in the world in America) 본판 2018년 1. Law 2. Medicine and Health Care 부분 등재 확정(3년 연속).

끝으로 교수를 직업으로 하다보면 영광도 있지만 신경 써야 할 문제도 많다. 일반적으로 교수사회에서는 동료나 친구를 사귀기 어렵다. 같은 과에 속해 있는 교수님들도 모두 다 나의 경쟁자이고 감시자이다. 조금만 잘못하면 이른바 목이 잘리기 십상이다. 게다가 대학교수에게는 엄정한 도덕적 잣대가 주어지고, 이를 지키지 못하면 바로 해임이나 파면이 된다.

전날 밤에 학생들을 위로하거나 격려하는 회식을 하고 다음날 숙취가 남아있다면 운전대를 잡으면 안 된다. 대중교통을 이용해야 한다. 자칫 아침에 음주운전 단속에 적발되면 어떤 해명에도 해임 처분이 내려진다. 교육공무원, 특히 대학교수에 대해서는 법이 엄격하다. 일반공무원보다 더 엄격한 잣대로 징계를 당하는 일이 많다. 자칫 파면이 되면 근무한 기간 동안 산정된 퇴직금과 연금도 일체 받지 못한다. 대학교수에게 징계는 가혹하다. 그래도 나는 교수가 천직이라고 생각하니 학생들의 모범이 되어야 한다는 생각에 오늘도 넥타이를 바로 고친다.

인간성이 좋은 것과 시민성이 좋은 것은 별개다. 우리가 흔히 말하는 인성은 인간성이 아니라 시민성이다. 공동체의 가치관, 행동양식, 사고방식, 기질이 지켜져야 선진사회로 발돋음할 수 있다. 그래서 전국 어디서든 시민교육을 해 달라고 부르면 마다치 않고 달려간다.

-성남 자원봉사포럼에서-

주식형제(酒食兄弟)

酒 : 술 주, 食 : 밥 식, 兄 : 형 형, 弟 : 아우 제

급난지붕(急難之朋)

急 : 급할 급, 難 : 어려울 난, 之 : 갈 지, 朋 : 벗 붕

酒食兄弟 千個有, 急難之朋 一個無
주식형제 천개유 급난지붕 일개무

'명심보감'에 나오는 말로,
술 먹고 밥 먹을 때 형, 동생 하는 친구는 천 명이지만
막상 급하고 어려울 때 도와주는 친구는 한 명도 없다는 뜻.

각박하고 치열한 생활전선에서 외롭다. 언제부터인가 나의 속마음과 상관없이 가면을 쓰고 사회생활을 해야 인정을 받는 세상이 되어 버린 것 같아 씁쓸하지만, 막상 가면을 벗어던지고 맨 얼굴로 세상과 마주하게 되면 냉혹한 세상에서 굴러 떨어져 낙오자로 낙인찍히는 신세가 될 지도 모르기에 불안하기는 마찬가지다. 그

러다 보니 이런저런 이해관계에 있는 사람들이나 언제 경쟁관계에 놓일지 모르는 동료들의 관계망보다는 예전부터 알고 있던 학창시절 친구가 더 정겹다. 사실 학창시절에는 그다지 친하지 않았다할지라도 어린 시절 같은 시간을 함께 공유했다는 사실만 해도 의미가 있다. 그래서 '친구(親舊)'는 사전적 의미로 '가깝게 오래 사귄 사람'이다.

끈끈한 우정을 다뤄 아직도 회자되는 영화 '친구(2001년)'에는 부산 사투리로 '아이다. 친구끼리는 미안한 거 없다'는 대사가 나온다. 우정이라는 이름으로 만들어지는 끈끈한 연대감을 자극시키는 대사가 많다. 그러나 그런 감정적인 대사에 현혹돼 이성적 판단을 유보하고 '오래두고 가까이 사귄 벗과 두려울 것이 없이' 처신하다가 패가망신하는 고위공직자, 사회지도층을 자주 본다. 신문을 떠들썩하게 만드는 각종 비리 사건에는 어김없이 친구, 동창, 고교 선후배가 등장한다.

술 마시고 놀면서 '좋은 게 좋은 것'이라며 서로 겉보기에 듣기 좋은 말로 위로를 해주는 사이를 마치 정감있고 서로 마음을 터놓고 편하게 이야기를 하는 인간관계로 오인할 수가 있다. 그렇다고 술 마시고 노는 모든 친구들이 어려운 일에 봉착했을 때 나를 외면하는 친구라는 말은 아니다. 다만 진실 된 친구의 기준을 사려 깊게 판단하여야 한다는 의미이다.

우리는 살아가면서 수많은 사람들을 만나고, 그들로 인해 많은 영향을 주고받는다. 그들 중에서 누구를 친구로 삼을 것인가는 아주 큰 문제다. 술 좋아하고 노는 것을 즐기다보면 흥청망청 나도 모르게 한계를 넘어 금전적으로나 시간적으로 낭비하는 삶을 살기 쉽다. 반대로 순간순간을 최선을 다해 긍정적으로 사는 사람과 교류를 하다보면 나도 모르게 시간을 허투루 쓰지 않고 계획적으로 준비하며 살게 된다.

과연 좋은 시절 함께 할 수 있는 친구가 아니라 다급한 순간 누가 과연 나에게 손을 내밀어주고 나를 올바른 방향으로 이끌 수 있는 친구인지를 생각해보자. 나도 친구들을 만나면 가끔 한두 잔씩은 마신다. 술 마시고 놀아도 바른 친구하고만 마시고 놀자는 것이 나의 신조다. 사실 나는 태생적으로 술을 거의 마시지 못하거니와 그 돈이 아깝다는 생각이 들기 때문이다. 그럴 돈으로 다르게 할 일도 많다. 초등생 민지를 생각하면 더 그렇다.

5.
내가 '키다리아저씨'라고 불린 이유

- 초등생 민지의 방을 만들어준 사연 -

부산지역 불교 교수회 총무를 하면서 회원 교수님들이 매월 납입한 회비와 지출에 대한 장부 정리는 당연한 것이었다. 그런데 많지도 않은 회비 수입에 매달 적지 않는 금액의 지출이 부산의 한 복지관으로 지출되고 있었다. 전임 총무를 맡았던 교수님께 지출 내역을 물어 보니, 매달 불교 교수회에서 복지관으로 기부를 하면 복지관이 필요한 학생에게 기부금을 전달해 도와준다고 했다.

나중에 좀 더 알아보니 부산지역의 한 대학생이 갑자기 아버지가 돌아가셔서 생업을 위해 학업을 포기하려 했는데, 딱한 사정을 들은 불교 교수회에서 그 학생을 위해 기부를 한다는 것이었다. 물론 그 학생의 한 달 생활비와 매 학기 학비 전액을 모두 지원하기에는 부족한 금액 이었지만, 우리 말고도 다른 분들의 감사한 도움과 기부가 있어 그 대학생은 학업을 포기 하지 않고 무사히 학업을 마칠 수 있었다.

그렇게 매달 불교 교수회 회원 교수님들의 회비 수입에서 일부 금액을 복지관에 기부했지만, 불교 교수회 회원이 점차 줄어들고, 거기에 지출 하는 항목과 금액은 점점 늘어나 도저히 회비 수입으로는 어렵게 되었다. 그렇다고 어려운 사정의 복지관을 '나 몰라라'할 수 없었다. 내가 개인적으로 복지관 후원을 한 게 벌써 15년이 넘어 가고 있다.

하루는 인터넷에서 '민지네 방을 만들어 주세요' 라는 글을 봤다. 목표 금액은 1500만 원 이었다. 한 달 동안 모금을 하는 것이었는데, 모금이 끝나고 나중에 그 단체에 물어 보니 민지라는 초등 4학년 어린이의 아버지 어머니 두 분이 모두 정신장애를 겪고 있었다. 이제 막 사춘기에 들어서는 민지에게 개인 방이 필요하다는 것이었다. 그리고 당초 목표한 모금액은 턱없이 부족하였다. 모금으로 마련하려고 했던 금액은 모두 방을 만드는데 사용할 건축자재 값이었다. 그나마 자재라도 있으면 나머지 공사에 필요한 인력은 동네 이웃 분들이 팔을 걸어 붙인다고 했다. 이 말을 듣다가 나의 통장 잔고를 보니 마침 내가 가지고 있던 돈과 민지 방을 만드는데 필요한 금액이 비슷했다. 그래서 통장의 남은 돈을 입금했다. 그런데 희한하게도 그날 이후 당장 쓰지 않아도 되는 돈들이 생겼고, 그 돈을 모았다가 매달 소정의 금액을 그 단체에 입금했다. 매년 명절과 연말이면 그 단체의 행사에 참여하게 되었다.

"이 몸이 죽어가서 무엇이 될 고하니, 봉래산 제일봉에 낙락장송 되었다가, 백설이 만건곤할제 독야 청정 하리라."

단종을 복위 시키려다가 실패한 성삼문이 처형장으로 끌려가며 남긴 시조다. 온 세상이 모두 하얗게 백설로 덮여도 나 홀로 푸르게 있겠다는, 시를 쓴 사람의 기백과 기상이 느껴져 자주 읊는 시조다. 그런데 여러 번 읊다보면 문득 이 겨울에 눈이 내려 다들 눈으로 덮였는데 나 혼자만 푸르게 빛나는 것은 무슨 의미일까도 생각해본다. 아무도 보는 사람이 없는데 나 혼자 독야청청하면 무슨 소용이 있을까. 나는 우리 모두는 모두 연결되어 있다고 생각한다. 내 옆집이 형편이 어렵고 굶고 있는데 나만 장사가 잘돼 돈을 많이 벌어 잘 먹고 잘 산다고 생각하면 내 목으로 밥이 넘어 갈 수 있겠는가.

만약 모차르트가 21세기에 태어났다면 지금 같은 명성을 누릴 수 있을까. 학교는 지식과 정보뿐 아니라 시기별로 인간의 삶의 해법을 알려주는 곳이다. 동년배와의 부대낌 속에서 성장하고 성숙하는 과정도 무시할 수 없다. 만물박사 정도는 아니더라도 모든 부분에 평균치를 요구하는 현대사회에서 공감적 사회의식 없는 천재 모차르트는 과연 천재성을 발휘할 수 있을까.

-오스트리아 비엔나의 모차르트 동상 앞에서-

횡거철피(横渠撤皮)

横 : 가로 횡, 渠 : 개천 거, 撤 : 거둘 철, 皮 : 가죽 피

물러날 때를 알면 위태롭지 않음.

조용하던 아파트가 한동안 시끄럽기 시작하더니 급기야 서로를 비방하는 글이 붙기 시작하고 현수막까지 나붙었다. 아이들이 노는 놀이터 앞에서 아수라장을 방불케 하는 볼썽사나운 광경도 연출됐다. 아파트 동대표를 선출하는 문제가 발단이었다. 임기를 다 채운 전임 대표가 규정을 고쳐 재임하려고 시도하다가 문제가 됐다. 봉사를 하는 직책인 대표가 언제부터 '완장'이 되었고, 그 완장을 차기 위해 다들 혈안이 되어 있는지 너무 의아했다. 재개발을 할 때도 멀었고 난방비도 논란이 될 만큼 과도하지 않다. 놀이터에서 놀다가 차마 못 볼 광경을 지켜보던 아이들의 표정이 아직도 눈에 선하다. 그 중 어떤 아이가 학원에서 배웠다며 '횡거철피'라고 이야기했다. 정말 적절한 사자성어를 말한 아이가 놀라웠다.

'횡거철피'는 군자는 나아갈 때와 물러날 때를 정확히 알아서 처

신해야 한다. 중학교 3학년 때 우리 반 급훈이었다. 비록 담임 선생님은 학생답게 처신하라는 의미로 추천하고 급훈으로 정하셨던 것으로 기억한다. 당시에는 별로 탐탁지 않았던 그 문장이 나이가 들고 철이 들수록 가슴에 와 닿는다.

비록 군자가 아니더라도 자신의 위치, 자리에서 인품과 능력을 냉정하게 생각하여 타인들에게 민폐를 끼치고 있는 것은 아닌지 냉철하게 판단하여 행동하여야 한다. 물론 작은 의미에서 우리 생활 주변에도 보이지만, 무수히 많은 고위공직자와 최고경영자들의 실례가 연일 뉴스에 오르내리고 있다.

실제 인물인 장횡거(張橫渠·1020~1077)는 송나라 때 높은 학식으로 명망 높은 학자였다. 그는 저서 '정몽(正蒙)'에서 "땅이 하늘을 따라 왼쪽 방향으로 돈다"며 별과 달의 움직임에 대해 상세하게 묘사했을 정도로 뛰어났다. 코페르니쿠스가 지동설을 발표한 것보다 약 500년이나 앞선 것이다. 철학, 과학을 총망라하는 지식과 지성을 겸비한 인물이었다.

당시 학문을 강론하는 강연자는 호랑이 가죽을 방석처럼 깔고 앉았다. 당시에 호피는 단순한 방석이 아니라 스승의 의미를 가지는 상징이었다.

어느 날 장횡거에게 정씨 형제(정호, 정이)가 찾아와 그들과 유교 경전인 주역을 가지고 열띤 논의를 시작했다. 논의를 마치고는 장횡거는 호피를 정씨 형제에게 내주고는 "나의 도에 대한 생각보다 정씨 형제가 더욱 도에 대한 밝은 의미를 알고 있다. 이제부터 정씨 형제가 스승으로 자격이 있다"고는 고향으로 떠났다. 장횡거는 진정한 시대의 어른으로, 자신의 능력을 간파하고 권력을 스스럼없이 버릴 줄 알았다. 순간의 권력을 잃었을지 모르지만 그럼으로써 그는 후세에 길이 이름을 남기게 되었다. 그의 이름은 시대를 거듭하며 회자가 되었고 조선시대의 실학자 이덕무(1741~1793)도 "호피를 걷어내는 일에 인색하지들 말라"고 후학들을 가르치며 그를 떠올렸다.

반대로 인성과 덕성과 능력이 안 되면서 높고 존귀한 자리에 구차하게 연연해하는 사람들은 오히려 지금까지 쌓아온 부와 명예가 한순간에 물거품이 될 수가 있다는 것을 이 성어는 여실히 경고한다. 물러나야 할 때에 물러나는 것을 아는 것도 높은 지위로 올라가는 것만큼 중요한 일이다. 다만 권력에 취해 그것을 혼자만 느끼지 못할 뿐이다. 자리의 크고 작음, 무겁고 가벼운 것을 떠나서 오늘날 우리에게 많은 것을 시사해주는 고사이다. 이렇게 나를 되돌아본다.

6.
영국, 프랑스, 한국…
3개국에서 겪은 데모

- 권리장전과 처음 나선 시위, 국립대의 길 -

영국에서 겪은 데모

2010년 겨울이었다. 영국 런던대에서 연구 결과를 발표하고, 산업체에서 적용할 수 있는 것들에 대해 토론하는 기회가 있어 3박 4일 런던에 머물렀다. 교수님들과의 토론이 끝나고 런던 시내 관광도 하고 대영제국박물관도 가보려고 했다. 고등학교 지리시간에 배운 런던의 기후는 해양성 기후여서 바닷물의 온도가 그리 차지 않아 겨울철에도 춥지 않다고 배웠다. 그런데 아니다. 런던은 겨울철에 무척 추웠다. 제법 두꺼운 상의를 입었는데도 찬바람이 옷 사이를 파고들었다.

시내 투어를 하는 날 아침 일찍부터 저녁까지 하루 종일 앰뷸런스 소리가 그치지 않았다. 하필 내가 갔던 그날 영국에서 대학 등록금 인상안이 발표 되고, 학생들의 데모가 시작되었다. 내가 듣기에는 경찰차 경광등 사이렌 소리와 앰뷸런스 소리를 구별할 수 없어서 종일 들리는 소리가 데모와 관련한 소리인 것으로 짐작했다. 런던에서 꼭 가고 싶었던 곳이 대영박물관이었다. 전 세계에서 진귀한 것들을 다 모아다 놓은 대영박물관은 심지어 그리스 신전도 통째로 떼어다 가져다 놓은 곳 아닌가. 그 유명한 '로제타스톤'도 보고, 우리나라에서 만들었지만 정작 우리나라에는 몇 점 남아 있지 않은 고려불화도 봤다. 영국이 전 세계의 4분의 1을 지배할 때 다 모은 유물이다.

하루 종일 박물관 유물을 감상한 뒤 호텔로 가서 씻고 저녁을 먹으러 갈 생각으로 택시를 탔다. 국회의사당인 웨스트민스터사원이 보이는 강 건너 호텔로 가야했다. 영국 택시 '옐로우캡'을 타고 내가 묵고 있는 호텔에 가자고 했더니 택시 기사님은 "그쪽은 지금 대학생들이 데모를 하고 있어 언제 도착할 지 장담할 수 없다. 그래도 탈거냐?"하고 물었다. 나는 "노 프로블럼!"하고는 택시 뒷문을 닫았다.

택시를 타고 가는 도중에 기사님은 학생들이 대로를 막고 있어

최대한 이면도로를 이용해 호텔에 가려고 여러 차례 시도했다. 그리고는 간신히 호텔 인근에 택시를 세우더니 “난 최선을 다했다. 행운을 빈다”는 말을 남기고 떠났다. 템즈강 옆 웨스트민스터사원 앞에는 다리가 있고 그 다리를 건너면 내가 묵고 있는 호텔이었다.

지하철을 타고 호텔 옆까지 가려고 했지만 지하철은 긴급 조치로 운행을 안 한단다. 데모하는 학생들이 지하철을 타고 이 근처에 도착하니 무정차 통과를 시키고 있었다. 호텔까지는 두 세 정거장 거리어서 그냥 걸어가기로 했다.

그런데 갑자기 머리 위로 헬리콥터 2대가 나타나더니 사원 앞 다리는 인파로 막히기 시작했다. 투명한 얼굴가리개(바이저)가 달린 헬멧을 쓴 경찰들이 보이기 시작했다. 10명 정도가 한 팀 같은데, 모두들 냉장고 크기의 쇠로 만든 그물 상자 같은 것을 들고 있었다. '대학생들이 어디에 모이는지를 알기 위해 헬리콥터가 계속 떠 있었구나'하고 생각하는 순간, 경찰들이 정렬하기 시작했다. 여자 경찰도 있었는데 헬멧을 쓰고 투명 바이저를 내렸지만 긴장하는 모습이 바로 보였다.

바로 옆 경찰들이 횡렬로 도열하고 냉장고 같이 생긴 박스로 데모를 하는 학생들과 직접 충돌을 막았다. 1m 길이의 곤봉도 들고 있었다. 아차 싶었다. 경찰 반대편에는 학생들이 달려오고 있었다. 영화의 한 장면처럼 학생들은 거리 상점들의 유리창을 깨고, 주차된 차들을 밟고 넘어 뛰어 오기 시작했다. 차를 밟고 넘어 오는 모습이 영화 속 좀비 같았다. 순간 판단을 해야 했다. 학생들에게 치이거나 경찰 곤봉에 맞거나 둘 중 하나였다. 그런데 신은 있었다. 내가 있던 도로 건물 벽에 바짝 붙으니 건물과 건물 사이 30cm정도의 틈이 보였다. 30cm 너비의 틈에 머리를 넣고 최대한 몸을 건물에 붙였다. 안보이면 없는 거다. 몸을 그 틈에 넣자마자 비명이 들리고, 온갖 싸움 소리가 들렸다. 한 10분이 지났을까, 조용해져 그 틈을 빠져 나와 보니 그 때서야 하루 종일 들리던 앰뷸런스 소리의 이유를 정확히 알게 되었다. 한 쪽에는 다친 경찰들이 앉아 있고, 바로 옆에는 주로 머리를 다친 학생들이 경찰과 같이 앉아 있었다. 그리고 앰뷸런스가 와서 다친 경찰과 학생들을 실어 갔다. 날이 어두워지고 나서야 호텔에 들어 올 수 있었다.

호텔 유리창으로 영국의 데모 광경을 보게 됐다. 밤새 학생들은 웨스트민스터사원 옆 다리를 건너려고 시도했고, 경찰은 지그재그로 경찰차를 주차해 놓고 학생들이 건너지 못하게 했다. 다음날 TV에서는 학생들 데모로 당시 찰스 왕세자의 차량 유리창이 박살났다는 뉴스가 흘러나왔다. 등록금 인상 문제로 그렇게 심하게 데모를 하느냐고 할 수 있지만, 학생들은 단순한 돈의 문제가 아닌 교육 받을 수 있는 권리의 문제로 인식하는 거 같았다. 자유와 권리는 그냥 주어지는 건 아니다. 왕이라고 해서 백성들을 아무나 체포 할 수 없다는 권리장전(the Bill of Rights)을 쓰게 한 나라가 영국이다. 1689년 12월 헌법에 따라 정치를 해야 한다는 의지를 다진 최초의 의회 제정법은 다음과 같다.

① 의회의 승인 없이 법을 제정하거나 법의 효력을 정지시킬 수 없다.
② 의회의 승인 없이 과세할 수 없다.
③ 의회의 승인 없이 상비군을 유지할 수 없다.
④ 의회의 선거는 자유로워야 한다.
⑤ 의회 내에서의 토론은 자유로워야 한다.
⑥ 의회는 자주 소집되어야 한다.
⑦ 법은 공정하고 적절하게 운영되어야 한다.

이러한 권리장전은 왕과 귀족이 통치하는 절대권력 아래에서도 영장 없이 사람을 체포 할 수 없다는 오늘날의 법치주의와 민주주의의 기틀이 되었다.

프랑스에서 겪은 데모

프랑스에서 박사 후 과정을 이수하고 있을 때에도 이런 데모를 보게 되었다. 프랑스 법에 따르면, 새로 채용한 직원은 1년 이내에 해고할 수 없다. 근로자의 권리를 보장하는 법인데, 이를 완화해 1년 이내라고 해도 직원을 해고할 수 있도록 하는 정치권의 움직임이 이슈가 됐다. 졸업하고 바로 직장에 취업하는 대학생들은 별다른 항의가 없었는데 오히려 초등학교 학생들이 심하게 반발했다. 우리나라 초등 4학년 정도인 학생들이 학교 진입로에 바리케이드를 치고 학교에 사람들이 들어오지 못하게 했다. 바리케이드((barricade)란 말도 프랑스어이니 이들이 얼마나 자신의 권리에 민감한지 알 수 있었다. 초등학생이 바리케이드로 도로를 막고 있다니 상상도 못할 일이었다.

자신들의 권리가 침해된다고 매번 데모를 하는 것은 옳지 않다. 그러나 그 사회가 시민 모두가 평등하다고 생각하는 사회에서 어떤 것이 옳지 않다고 행동 하는 것은 쉽지 않다. 바로 그 바뀌는 법안의 직접적인 당사자인 대학생들은 데모를 하지 않는데 초등학생들이 데모를 했다. 무슨 용기와 신념으로 했을까. 이것이 올바른 법안이 아니라 생각을 했으니 처음에는 항의를 했을 것이고, 그래도 변하는 게 없으니 행동, 즉 데모를 해서 자기들의 의지를 관철시켰다. 이 데모는 두 달여 동안 계속되었다.

취학 전 아동이나 초등학교에서의 교육이 어떻기에 학생들이 바리게이트를 치고 차와 사람들의 이동을 막을 수 있을까. 우리 같으면 경찰관 2명 정도면 이 학생들을 해산시킬 수도 있었을 텐데 프랑스에서는 경찰이 나서지 않았다. 지금 생각하면 그 학생들의 신념과 행동이 대단하다. 자기들이 최소 6년 후에나 적용받을 법안에 대해 반발을 한다는 사실과 그 바리게이트를 치우지 않는 어른들도 대단했다.

이런 학생들을 보면서 그동안 우리나라의 교육을 생각했다. 우리는 그동안 민주화 교육이라는 이름으로 학생들을 제대로 가르치지 않았다. 프랑스나 독일의 초등 교육 목표는 성적이 아니라 학생들이 자유로이 뛰어 놀고 생각 하고 교우하며 장차 사회의 주류가 될 수 있게 잘 먹이고, 자유로이 생각하게 하고, 더 나아가 자신의 의지로 판단하게 할 수 있는 역량을 키우는 것이다.

프랑스 아이들은 학교에서 행복하게 지내는 것이 최선의 목적이며, 그렇게 하기 위해서 정부는 아낌없는 투자를 하고 학생들에게 여러 경험 하게 한다. 프랑스에서 명문 초등학교, 중학교, 고등학교, 대학은 따로 없다. 바로 자기 집 근처의 학교가 가장 좋은 학교이다. 우리나라에서 상상 이나 할 수 있을까!

한국에서 겪은 데모

2006년부터 부경대 교수회 임원으로 활동하면서 국립대학에서 가장 많은 이슈가 되었던 것은 바로 국립대 법인화에 대한 논의였다. 그 당시 교육부는 국립대학 법인화를 강하게 몰아붙이고 있었고, 해당 법안은 국회를 통과하기 일보 직전이었다.

그런데 교육부는 국립대학에 대한 법인화가 왜 필요한 것인지, 어떻게 진행할 것인지에 대한 기본적인 논의도 없었다. 당연히 전국에 있는 국립대학들은 반발하였고, 이러한 반대에는 국립대학 교수회 연합회가 일선에 나서게 되었다.

그 당시 우리나라의 국립대학은 모두 50곳이 넘었으니, 매달 전국의 국립대학 한 곳에서 모여 교육부의 법인화 강제에 대해 회의를 하며 대책을 마련해갔다. 그러나 법인화 반대에 대한 명백한 논리와 실제 사례 등을 아무리 연구하고 발표해도 정부의 강제는 더 가중되었다. 이제는 물리적인 방법을 쓰는 수밖에 없었다. 국회에서 국립대학 법인화 법안에 대한 논의가 소위원회에서 이루어질 때 공무원 노조, 기성회 노조, 그리고 교수회 등이 각자 역할을 나눠 법안 상장을 물리적인 방법으로 막기로 했다. 실행에 나선 분들은 자신들이 기소될 것을 각오했다. 누구는 의사봉을 훔쳐 달아나고, 누구는 마이크를 사용하지 못하게 하는 식으로 철저하게 계획을 세웠다. 전국의 국립대학 교수님들은 버스 10대를 빌려 상경해 서울 대학로에서부터 탑골공원까지 가두시위를 벌였다.

그때 4·19혁명 이후 대학교수들이, 그것도 국립대학 교수 400명 이상이 모여 가두시위를 하는데 언론의 관심은 없었다. 그 동안 무수한 기자회견과 담화문 발표, 연구성과 발표, 토론회 등을 해도 보도는 극히 제한적이었다. 방송사는 교육방송(EBS) 한곳에서만 나와 취재를 했다. 그 당시 나는 다른 교수들에 비해 비교적 젊은 나이어서 가두시위 행렬 전체 상황을 정리하는 일을 했다. 출동한 경찰차와 형사들의 무전 내용을 들을 수 있었는데, 무전 내용 중에는 '시위대가 지금 도로를 걷고 있냐, 아니면 인도를 걷고 있냐'는 내용도 있었다.

미리 집회 신고를 해 저지할 방법이 없던 경찰이 시위대가 차도를 걸으며 시위를 하면 도로교통법 위반을 이유로 막으려는 의도도 읽혔다. 이후 우리의 외침은 잦아들었지만 지금도 내가 처음 거리에서 시위를 하던 모습을 기억하면 민주주의가 왜 소중한지 세삼 느끼게 된다.

비틀즈의 횡단보도로 유명한 에비로드(Abbey Road)는 1969년에 발표한 마지막 녹음본이자 11번째 앨범으로 역사상 가장 유명한 앨범이다. 조지 해리슨, 폴 매카트니, 링고 스타, 존 레논, 이 4명의 멤버는 길을 건너는 장면으로 앨범 커버 사진을 찍었다. 세인트 존스 우드에 자리한 EMI 스튜디오 바로 앞에 있는 횡단보도다. 비틀즈는 역사의 뒤안길로 사라졌지만 그들의 명성은 아직도 건재하다. 비틀즈와 역사를 함께하고픈 이들의 발걸음도 여전히 이어진다. 매일 수천 명의 관광객 때문에 횡단보도의 페인트는 늘 벗겨져 있다.

-영국 애비로드에서-

동병상련(同病相憐)

同 : 한 가지 동, 病 : 병 병, 相 : 서로 상/ 빌 양,
憐 : 불쌍히 여길 련(연), 이웃 린(인)

같은 병을 앓고 있는 사람끼리 서로 가엾게 여긴다는 뜻.

처지가 같으면 이상하게 공감하고 소통하고 교감한다. 인간이기 때문일까?

같은 교집합이 형성되어 같은 공통분모가 생기면 서로에게 약해진다. 학연, 지연 그것도 아니면 소소한 인연이라도 만든다. 그래서 팔은 안으로 굽는다는 속담이 생긴 것 일 수도 있다. 사사로운 연줄에 이끌리다보면 말로가 그리 좋지는 않다. 비리, 금전관계로 인해 안 좋게 끝맺음 하는 경우가 많기 때문이다. 우리는 동병상련을 그저 같은 처지에 놓인 사람끼리 서로 동정하고 돕는다는 뜻으로 생각한다. 그러나 고전에는 감정으로 가까워진 사이는 공적인 영역에서는 주의하여야 한다는 것을 말한다.

오자서는 초나라 출신으로, 자신의 부친과 형이 모함을 받아 죽

임을 당하자 복수를 다짐하며 오나라로 망명해 공을 세우고 높은 관직에 오른다. 어느 날 자신과 같이 초나라 왕에게 모함을 받아 아버지를 잃은 백비가 도움을 청하려 그를 찾아온다. 같은 인물에게 아버지가 모함 받아 죽임을 당한 처지에 그를 외면할 수 없었던 오자서는 대신의 반대에도 그를 오나라 왕 합려에게 천거하고 물심양면으로 도와준다. '같은 병을 앓았으니 서로 불쌍히 여긴다'(동병상련)는 이유였다. 그러나 결국 백비는 자신의 출세에 오자서가 방해되자 그를 모함하고 죽게 만들었다.

지극히 감정적으로 대인관계에 임하다보면 큰일을 거스를 수 있다는 경고의 사자성어다. 그래서 나의 마음을 들여다보는데 더 집중해야한다. 부처님처럼.

7. 불교와 나, 탐심(貪心)과 진심(瞋心)

- '제비원 부처님' 얼굴이 달리 보이는 이유 -

내가 어릴 적 자랐던 경북 영주와 안동에는 오래된 사찰과 불상이 많았다. 어릴 때 자주 보고 자랐으니 아무래도 불교가 머리와 가슴에 많이 다가왔다. 그래서인지 지금 생각해보면 어릴 적 교회는 낯설었다. 고등학교 때 친구들과 교회 여름 캠프를 갔는데, 기도를 하면서 우는 친구들의 모습이 무척 낯설었던 기억이 난다. 인류의 시조인 아담과 하와가 선악과를 따먹은 죄로 모든 인간이 날 때부터 가지고 있는 원죄(原罪)라는 개념도 잘 이해하지 못했다.

그렇게 '불자 아닌 불자'로 살아가던 나는 2000년부터 불교 유튜브를 접하면서 불교에 빠져들었다. 강의와 강의 사이 시간이 잠깐 빌 때에는 종종 영상을 보고는 하였다. 그 중에서 불교TV 채널과 종범 스님 법문을 많이 보았는데, 종범 스님의 법문은 '항상 자기 마음을 돌아보라'는 것이었다. 이 몸을 움직이는 나를 돌아보라는 것이다. 인생을 살아오면서 그동안 많은 일이 있었다. 내가 내 마음을 돌아보는 일을 진지하게 받아들인 것은 스무 살 때 안동으로 매일 출퇴근을 할 때였다.

영주에서 안동까지 국도로 출퇴근을 했는데, 안동으로 운전을 해서 가다보면 그 길에 고려시대에 세워진 큰 마애여래입상(보물 제 115호)이 있었다. 이 곳(경북 안동시 이천동) 일대는 '제비원'이라고 불렀다.

운전을 하면서 잠깐 동안 석불 밑을 지나갈 수 있는데, 한 2초 정도 매일 부처님의 얼굴을 볼 수 있었다. 그런데 이게 매일 아침마다 부처님의 얼굴이 달리 보였다. 매일 같은 시간에 같은 장소에 보는데 어느 날은 부처님 얼굴이 밝게 보이고 어느 날은 부처님 얼굴이 무섭게 보였다. 짧은 시간이지만 차마 올려보기 무서울 때도 있었다. 무슨 일일까. 돌로 만든 부처의 얼굴이 밤새 변할리 없지만, 쳐다보는 내 마음은 매일 매일 시간 시간이 달라지니 내가 내 마음으로 보는 부처님의 얼굴이 쳐다볼 때 마다 다른 것을 알게 되었다. 내가 나를 속일 수 있을까? 내가 조금만 나쁜 마음을 먹으면 내 마음이 온전하지 못하고 나쁘니 나의 마음이 비추어 지는 부처님의 얼굴이 무섭게 보였던 것이다.

나의 마음이 편안하고 넉넉하면 당연히 내가 보는 부처님 얼굴은 자애로워 보였다. 저 멀리 비추어지는 빛은 내 마음이 나갔다가 돌아온 것이라는 것을 그때부터 알게 되었다.

선배 교수님으로부터 지도를 받아 부경대 불교 교수회에 입회하게 되었다. 매달 한 번씩 소모임을 하고, 방학 때에는 우리나라 성지순례로 사찰에 가 공부하는 모임이다. 그냥 절에 가서 구경만 하고 오는 것이 아니라 절에 가기 전 미리 그 절에 문화해설사와 약속을 하여 그 절의 유래와 설명을 들으면서 공부를 하고 오는 모임이었다. 혼자 절에 갔을 때와는 사뭇 다르게 전국의 유명한 절에 대한 공부를 할 수 있었다.

그 불교 교수회 총무로 일하다가 회장을 맡았고, 이제는 부산에 있는 대학의 불교 교수회 연합회인 '부산 교수 불자 연합회' 회장 소임을 맡게 되었다. 연합회는 부산에 있는 대학교와 사회의 불교 진흥을 위해 일한다. 대학에 불교 교수회 설립을 돕고, 대학생들의 불교 동아리를 지원하는 일을 하고, 당연히 대학생들의 불교 동아리 지도교수를 하고 있다.

인생은 고달프다. 외로운 게 인생이고, 살다보니 기쁜 날보다 슬픈 날이 더 많다. 이 외롭고 슬프고 힘듦은 어디서 나오는가. 바로 나의 마음에서 나온다. 외롭지 않으려 발버둥 치고 원하는 것을 이루기 위해 애쓰다가 오히려 모든 일들이 다시 나의 힘듦으로 돌아온다. 내가 불교를 공부하는 것은 바로 이 모든 것에서 중요한 '내 마음 바로 알기'가 사람의 인생에서 가장 중요하다고 생각하기 때문이다. 바로 보고, 듣고, 말하고, 생각하는 이 몸이 아니라 나를 움직이는 나의 주인, 나의 마음은 어디에 있고 이것이 무엇인지를 찾는 공부를 하고 있다. 부처님과 보살님들께 빌어서 복을 바라고 내 죄를 덜려고 공부를 하는 것은 아니다. 돌과 나무로 만든 부처님 조각상에 엎드려 비는 것이 아니다. 성인의 말씀을 듣고 경전을 보고 그 분들의 위대한 정신을 본받고 공부하는 것이 불교라고 생각한다.

어렸을 때 밥을 먹다가 밥을 남기면 어머니는 '어려운 사람을 생각해라'고 말씀하셨다. 어머니는 내 앞에 놓인 밥이라고 내 마음대로 남기는 걸 탐탁지 않아하셨다. 차라리 밥을 먹기 전에 덜어놨다면 어려운 사람에게 줄 수도 있었을 것이다. 사람을 아끼고 사랑하고 내가 먹고 쓰는 것들을 절약하고, 나만 잘 사는 게 아니라 우리 모두가 잘사는 길을 가야한다는 가르침이었다. 그 길은 부처님께서 걸으셨던 길이 아닐까.

절에 가면 '백중기도'를 한다는 알림 현수막이 눈에 띈다. 백가지 과일과 음식 공양(供養)을 올려, 그 공양을 받으신 부처님과 부처님 제자들은 우리의 선망부모(先亡父母)를 위해서 축원(祝願)을 해주신다. 공양을 올린 그 공덕으로 우리의 선망부모가 그 고통으로부터 벗어나게 해준다고 한다.

그럼 왜 우리는 고통 받아야할까. 그것은 탐심(貪心), 즉 자기 욕심을 부리는 마음과 진심(瞋心), 즉 화를 내는 마음 때문 아닐까. 우리는 자기주장을 하다가 자기 뜻대로 안 되면 화를 낸다. 탐심과 진심을 내면 심술궂게 되고 결국은 어리석은 중생이 돼 축생도(동물로 환생), 아귀도(아귀로 환생), 지옥도(지옥에서 환생)라는 삼악도에 떨어진다. 따라서 세상 살면서 허물이 보이면 자기에게서 찾고, 자기의 마음을 살펴야 한다. 제비원 부처님 얼굴이 온화했다가도 무서웠던 것은 내가 평온한 마음일 때와 탐심과 진심으로 가득 찬 마음일 때 각기 다르게 보인 것은 아닐까.

세상에서 가장 아름다운 것은? 사랑이다. 그러나 해묵은 '사랑의 서약'이 미래 환경을 오염시킨다면?

수천 개의 자물쇠가 무게를 지탱하기 힘들어 시민 안전을 위협하고, 녹슨 자물쇠와 연인들이 버린 열쇠는 자연환경을 오염시킨다. 이탈리아 로마는 연간 철거되는 자물쇠 무게만 375kg를 넘어가자 2007년에 폰테 밀비오 다리 일대에서 자물쇠를 달다 적발되면 50유로(약 6만3000원) 벌금을 부과하는 제재안을 만들었다. 프랑스 파리 도 자물쇠 무게 때문에 퐁데자르 다리가 붕괴 위험이 우려되자 약 45톤 무게의 자물쇠를 제거한바 있다. 서울 남산, 부산 부산타워 등에서도 자물쇠로 사랑을 확인하려는 연인들을 막을 수 없다. 뾰족한 해결책이 없을까? 달을 보고 사랑을 맹세하는 캠페인을 벌이면 어떨까.

-유럽 어딘가에서-

함흥차사(咸興差使)

咸 : 다 함, 興 : 일어날 흥, 差 : 어긋날 차, 使 : 부릴 사

한번 가면 소식이 없거나
좀처럼 회답이 오지 않음을 비유하는 말.

우리는 역사에서 수많은 권력자들이 왕좌를 손에 넣기 위해 천륜을 범하는 일을 심심치 않게 보아왔다. 자주 사용하는 한자성어인 '함흥차사'에도 왕권을 위해 칼날을 17, 18세의 어린 동생들을 향해 정조준하는 비정한 아들에 대한 아버지의 분노가 서려있다.

이성계는 부패하고 무능한 고려왕조를 무너뜨리고 새로운 조선왕조를 열었다. 원래 이성계는 외적의 침입을 막은 고려의 무장으로 인기와 명성이라는 탄탄한 대중적 입지를 가지고 있었다. 허나 변방출신이라는 주홍글씨는 항상 그의 출세 길을 가로막았다. 정도전을 비롯한 신진사대부 세력과 결탁한 그는 권력을 찬탈하고 고려의 마지막 왕 공양왕에게 왕위를 물려받는 형식으로 1392년 '조선'이라는 새로운 왕조를 세웠다.

이성계의 옆에는 호위무사처럼 정도전과 그의 다섯째 아들 방원이 있었다. 또한 음양에서 불철주야 내조를 해준 그의 두 번째 아내 신덕왕후 강씨도 숨은 조력자였다. 비록 그녀는 이성계보다 스무 살 이상 어리지만 권문세가 출신의 든든한 배경과 결단력, 수완 등에서 남다른 통찰력을 보여 이성계에게 누구보다도 든든한 우군이었다.

이미 첫째 부인 신의왕후에게서 본 아들이 장성한 여섯이나 있었지만 이성계는 신덕왕후에 대한 보답으로 그녀의 소생인 막내아들 방석을 세자로 책봉한다. 이것은 단순한 아내에 대한 늙은 지아비의 사랑만은 아니었다. 격동의 시기에 성리학적인 가치를 현실로 만들고 싶어 하던 신진 사대부들의 강력한 의지가 내재되었다. 그들로서는 이방원이 왕이 되면 강력한 왕권을 바탕으로 한 왕조국가를 만들 게 뻔하니 피하려고 했다.

신진사대부들은 왕권과 신권이 견제하며 조화를 이루는 이상적 국가를 건설하기 위해 이성계를 도와 새로운 국가를 건설하였다. 그래서 정도전을 비롯한 신진사대부들은 강력하게 방석의 세자책봉을 주장했다. 결국 정도전은 비명횡사한다. 조선의 첫 왕비였던 신덕왕후 강씨는 조선이 세워진 4년 후에 사망한다. 대업의 동고동락을 함께 했던 아내가 사망하자 태조 이성계는 성대한 능과 절을 지으며 정성을 표한다.

신덕왕후 사후 2년, 신의왕후의 아들들은 분노를 금치 못하며 '1차 왕자의 난'을 일으킨다. 이 난리에 신덕왕후의 어린 두 아들은 사망하고 사위마저 죽임을 당해 딸인 경순공주는 여승이 되었다고 한다. 이에 격분한 태조 이성계는 아들을 지키지 못했다는 자괴감과 아들을 잘못 키웠다는 생각으로 모든 것에 회의가 들었을 것이다. 무엇보다 자타공인 조선건국의 일등공신이었던 아들 방원의 목적이 오로지 차기 왕권에 있었다는 것에 상심이 컸을 것이다. 동생들을 무자비하게 죽이고 정도전 세력을 몰아내고 최고의 권력을 손에 거머쥔 아들에 대한 아버지의 증오는 더욱 컸을 것이다.

태조 이성계는 둘째아들 방과에게 왕위를 물려주고 상왕(上王)이 되어 함흥으로 간다. 그로부터 2년 후인 1400년, 드디어 방원이 왕위(태종)에 오르고 그는 태상왕(太上王)이 된다. 아직 국가의 기틀이 잡혀있지 않은 상태에서 함흥에 있는 태상왕은 태종의 아킬

레스건이 될 수밖에 없었다. 한양으로 돌아오시라는 태종이 문안사(問安使)를 보내면, 그때마다 그 차사(差使)를 죽여 버렸다는 이야기가 전한다. 차사로 온 이성계의 '절친' 박순을 제외하고는 오는 차사들마다 실제로 죽였는지 확실치 않으나 당시 백성들의 정서로 보아 충분히 그럴만한 사안이었다. 그래서 지금도 우리는 어디에 가서 연락이 두절된 상황에 '함흥으로 간 차사'라는 의미의 함흥차사를 사용한다. 자식 이기는 아비가 없다고 했던가? 함흥으로 간 4년 만에 태조 이성계는 환궁하여 조용히 한양에서 생을 마감한다.

태종의 분은 이에 머물지 않는다. 새어머니인 신덕왕후의 지위를 후궁으로 격하시키고 적자 출신인 본인을 두고 서얼 출신인 자(방석)를 왕위로 옹립하려해서 본인이 바로잡았다는 논리를 폈다. 그렇게 '서얼금고령'을 내려 세계 어디에서도 찾아보기 힘든 차별법인 적자와 서자를 차별하는 법을 제도적으로 성문화시켜 대대손손 서얼들의 벼슬길을 막았다.

태종의 반인륜적인 행동에 신덕왕후의 저주가 내렸을까. 함흥차사라는 부작용을 만들면서 왕권을 이룬 태종의 손자(수양대군 세조)는 왕권을 차지하기 위해 할아버지의 방법을 그대로 사용해 어린 조카를 죽이며 왕권을 쥐었고, 그의 자손인 연산군은 할머니와 아버지의 후궁들을 무참히 살해하는 폐륜을 저지르지만 결국은 사필귀정! 반정으로 왕좌에서 끌려 내려온다. 애초부터 태종이 자신의 생각을 접고 부친의 뜻을 존중해서 정도전의 이상을 실현할 수 있는 국가를 건설했다면 조선의 미래는 어떻게 되었을까?

8.
가까이서 보면 비극, 멀리서 보면 희극

- 성문기초영어와 찰리 채플린, 그리고 인생 -

미국의 희극배우 찰리 채플린은 '인생은 가까이서 보면 비극이지만 멀리서 보면 희극이다'라고 했다. 우리네 삶을 어찌 비극과 희극으로 딱 잘라서 나누겠는가. 예술은 그동안 고뇌와 갈등을 극적으로 펼치며 인간의 역사를 양분시켰다. 말장난 같기도 하지만, 그러한 연유로 인생을 느끼는 사람에게 세상은 비극, 인생을 생각하는 사람에게는 세상은 희극이라고 한다.

지금 생각해보면 웃기기도 하지만 어린 시절 나는 찰리 채플린 때문에 희극과 비극에 대해 심각하게 고민한 적이 있다.

고향인 경북 영주에서 올라와 잠깐 서울 여의도에서 살 때였다.

영주에서는 영특하다는 소리도 간간이 들었고, 친화력이 부족하다는 생각이 별로 없었는데 서울에 올라오니 현실의 높은 벽에 부딪혔다. 수업이 끝나면 친구들과 공놀이를 하거나 개울에서 물놀이를 하든지, 딱히 목적지를 정하지 않아도 친구들과 뛰어 다니는 것이 일상이었다. 그러나 아파트로 꽉 막힌 여의도의 일상은 모든 것을 바꿔 놓았다. 당시 여의도는 어린 나에게는 빌딩 숲밖에 없는 삭막한 곳이었다. 맘 터놓고 이야기 할 친구도, 가슴 펴고 걱정 없이 놀 장소도 마땅치 않았다.

몇몇 아이들은 나를 황순원의 소설 '소나기'의 '나'처럼 시골학생으로 색안경을 끼고 보는 것 같아 나날이 나는 주눅이 들어갔다. 나를 쳐다보는 눈길이 자꾸 신경이 쓰이고 점점 소심해 졌다. 사투리를 안 쓰려고 했지만 자꾸 튀어 나오는 사투리(억양)로 말수마저 적어졌다. 그러던 5학년 어느 날, 옆집에 사는 같은 반 친구가 엘리베이터 입구에서 나에게 반갑게 인사를 했다.

친구의 손에 들린 녹색 '성문기초영어' 문법책이 반짝였다. 창문을 통해 들어오는 빛에 비닐표지가 반사돼 그랬겠지만, 정말로 시선이 그 책에 꽂혔다. 나는 처음 보는 책이라 친구와 친해져야겠다는 생각으로 "누나 책이냐"고 물었다. 순간 친구는 눈을 동그랗게 뜨고는 "너는 성문 모르니?"라고 물었다. 성문? 우리 반 친구

이름인가하고 곰곰이 반 친구들을 떠올렸다. 지금은 초등학교에서도 영어를 배우지만, 당시는 영어가 중학교 정규과목으로 배우던 시절이었다. 중학교 1학년 첫 영어수업 때 알파벳을 배웠고 실제 많은 아이들이 초등학교 졸업하는 겨울방학에 영어를 처음 접했다.

친구는 "오늘은 '모던타임스'를 봤다"면서 산업혁명의 고통이 느껴졌다고 유창한 일장연설을 시작했다. '타임'이 시간인 건 알겠는데, 모던? 딴에는 아는 것처럼 유유히 표정을 지어보인다고 했지만 거짓말을 하면 얼굴에 표가 나는 성격 탓에 탄로 나고 말았다. 지금 생각하면 추억의 장면이지만, 당시에는 큰 충격이었다.

집에 들어오자마자 아버지 책장에서 백과사전을 꺼내 '모던타임스(Modern Times)'를 찾았다. 하도 읽지 않아 백과사전이 '쫙'소리를 내며 홍해바다 갈라지듯 갈라졌다. 아주 간단하게 미국의 배우 겸 감독 찰리 채플린(Charlie Chaplin, 1889~1977)이 만든 영화라는 한 줄이 전부였다. 실망한 나머지 찰리 채플린을 찾으니 많은 양의 그의 사진과 소개가 있었다. 모던타임스는 못 봤지만 그 영화의 주인공이자 감독인 찰리 채플린에 대해 아는 것에 나도 이제 친구들의 상식 수준에 다가갔다는 생각에 큰 위안이 됐다.

그런데 그의 명언이 문제였다. '인생은 가까이서 보면 비극이지만 멀리서 보면 희극이다.' 왜일까. 어린 마음에 혹시 모르니 꼭 외워 두어야겠다고 생각해 무슨 의미인줄도 모르고 무작정 외웠다. 이후 성문기초영어를 배우는 학원에 다닐 때는 책 앞장에 이 문구를 적어 두고 친구들이 보도록 은근 책을 펼쳐놓았다. 그렇게 시간이 지났다. 제사보다 잿밥에 관심이 많고 서울 생활에 적응을 못하던 난 다시 영주로 내려왔다. 내려오던 차 안에서 비장하게 채플린의 명언을 대뇌었다. 어렴풋이 지금은 비극이지만 나중엔 오늘이 좋은 일로 기억되기를 빌고 또 빌었다.

그렇게 기억 속에서 찰리 채플린은 사라졌다. 대학교 졸업반이던 1989년, '모던타임스'의 개봉 소식이 들려왔다. 찰리 채플린의 영화 '모던타임스'는 1937년 제작된 무성 흑백 영화다. 자본주의 사회의 폐해를 보여주며 미국의 대공황 시기 혼란스러운 사회 속에서 기계가 되어야 하는 현대인을 다룬 문제작이다. 여러 정치적인 이유로 그동안 우리나라에서는 개봉 안 하다가, 찰리 채플린 탄생 100주년을 기념해 1989년에 개봉했다.

나름 나에게는 의미가 있는 영화이고 해서 서울까지 올라가 호암아트홀에서 관람했다. 그런데 솔직히 실망스러웠다. 뭘 비판하려하는지는 알겠지만 도통 재미가 없었다. 이후 프랑스에서 찰리 채플린의 전기를 다룬 다큐멘터리를 보고 그 때서야 '인생은 가까이서 보면 비극이지만 멀리서 보면 희극이다'라고 말한 그의 의도가 마음에 다가왔다.

찰리 채플린은 대영제국의 위세가 최정점에 다다른 1889년 영국의 심장 런던에서 태어났지만, 도시빈민층이었던 그의 가족은 국가 영광과는 거리가 멀었다. 그의 부모님 모두 뮤직홀 출신의 배우였지만, 아버지는 알코올 중독, 어머니는 정신분열 증세를 보였다. 뼛속까지 예술인이었던 그는 미국으로 이주해 영화계의 바닥부터 다지며 제작자, 배우, 관객의 입장에서 효율적인 제작비로 가장 잘 어필되는 연기를 했다. 관객이 쉽고 잘 이해할 수 있는 편집법도 배웠다. 자신이 감독하고 시나리오 쓰고, 제작, 편집, 주연, 그리고 음악까지 1인 다역으로 완벽을 추구했다.

당시 둥근 창이 있는 더비 모자와 헐렁한 바지, 왼쪽 오른쪽 신발을 거꾸로 신은 구두 등 모두 채플린의 의도에 맞도록 철저하게 계산된 이미지였다. 1926년부터 미국 영화계에는 유성영화가 서서히 자리 잡기 시작했지만 채플린은 유독 무성영화를 고집했다. 1931년 무성영화 '시티 라이트'가 공전의 히트를 치고, 1936년에 '모던타임스'를 통해 세계적인 감독으로 자리매김하게 된다. 그 시절 가장 성공한 영화감독 1순위는 채플린이었다.

자본주의 체제를 향한 채플린의 거침없는 풍자는 2차 세계대전 이후 몰아닥친 메카시즘 광풍으로 홍역을 겪는다. 결국 1952년 채플린은 미국에서 추방당하는 아픔을 겪게 된다. 1942년 독일 나치에 대항해 제2 전선 결성을 촉구하는 운동을 전개하고, 소련의 전쟁을 지원하자는 연설을 해 공산주의자로 몰리기도 하였다.

그의 영화는 자본주의의 황금만능주의의 휴머니즘 경시에 대한 분노를 고발했지만, 찰리 채플린도 영화라는 상업적인 매체로 부와 명예를 거머쥘 수 있었다. 만약 채플린이 가장 자본주의적인 예술 장르인 영화가 아니라 10세 때부터 시작한 연극만을 고집했다면 오늘과 같은 명성은 얻을 수 없었을 것이다. 그래서 그런지 '인생은 가까이서 보면 비극이지만 멀리서 보면 희극이다'는 채플린의 어록은 다른 의미로 다가온다.

무신불립(無信不立)

無 : 없을 무, 信 : 믿을 신, 不 : 아닐 부, 立 : 설 립

'믿음이 없으면 설 수 없다'는 뜻으로
믿음과 의리의 중요성을 강조하는 말.

논어(論語) '안연편(顔淵篇)'에 실린 공자(孔子)의 말에서 비롯됐다.

자공(子貢)이 정치에 관해 묻자, 공자는 "식량을 풍족하게 하고(足食), 군대를 충분히 하고(足兵), 백성의 믿음을 얻는 일이다(民信)"고 했다.

자공이 "어쩔 수 없이 한 가지를 포기해야 한다면 무엇을 먼저 해야 합니까?"라고 묻자 공자는 "군대를 포기해야 한다"고 답했다.

자공이 다시 나머지 두 가지 가운데 또 하나를 포기해야 한다면 무엇을 포기해야 하는지를 묻자 공자는 "식량을 포기해야 한다"며

"예로부터 사람은 다 죽음을 피할 수 없지만, 백성의 믿음이 없이는 (나라가) 서지 못한다(自古皆有死 民無信不立)"라고 대답했다.

군대나 식량보다 백성들의 믿음이 나라를 지탱하는 근본이라는 공자의 식견에 무릎을 쳤다. 정치뿐만이 아니다.

우리가 잘 아는 '삼국지(三國志)'를 보면, 중국 후한(後漢) 말기 학자로 북해(北海) 태수를 지낸 공융은 조조의 공격을 받은 서주자사 도겸을 구하기 위해 유비에게 공손찬의 군사를 빌려서 도겸을 도와주게 했다. 공융은 유비가 군사를 갖게 되면 마음이 변할지도 모른다는 생각에 유비에게 신의를 잃지 말도록 당부했다. 그러자 유비는 역시 유비였다. '안연편(顔淵篇)'에 실린 공자의 말(自古皆有死 民無信不立)을 인용한다. 그는 "잠시 군대를 빌릴지라도 반드시 이곳으로 돌아올 것입니다"라며 전장으로 향한다.

이처럼 '무신불립(無信不立)'은 믿음과 의리가 없으면 개인이나 국가가 존립하기 어렵고, 사람들은 서로 믿고 의지할 수 있어야 한다는, 인간사에서 강력한 생존전략이자 삶의 지표를 상징하는 말이 아닐까.

9.
어느 월간지 기자와의 우연한 만남

- 기자의 집요함, 학자의 자부심 -

나에게는 '무신불립'이라는 사자성어를 곱씹게 한 인물이 있었다. 2011년 가을 어느 날, 여느 날과 마찬가지로 나는 대학 연구실에서 해외 논문을 검색하고 있었다. 제법 커다란 플라타너스 나뭇잎이 바람에 날릴 때 휴대전화가 울렸다.

-기자: "안녕하세요. 저는 동아일보 신동아(新東亞)팀 배수강 기자라고 합니다. 권 교수님 맞으신가요?"

-나: "아 네, 맞습니다만, 어떤 일로…."

-기자: "이번에 KTX-산천의 잇따른 고장으로 국민들의 걱정이 큰데요, 이와 관련한 취재를 하고 있습니다. 그런데 교수님께서

KTX-산천 경쟁 입찰 심사를 하셨는데, 당시 심사위원들 중에서 로템(KTX-산천 제작사)의 기술력 부족을 지적하며 경쟁사에 비해 유일하게 낮은 점수를 주셨더라고요"

-나: "아, 그런가요…."

-기자: "그래서 교수님 자문을 받고 싶습니다. KTX-산천 입찰 당시 문제점과 사고 원인에 대해 인터뷰 요청을 드리려고 전화를…."

국내에서 유구한 역사를 자랑하는 월간지 '신동아' 기자가 나를 찾는 전화였다. 그의 말처럼 2011년 가을은 고속철도 'KTX-산천(山川)' 문제로 시끄러웠다. 지금도 달리고 있는 KTX-산천은 한국형 고속열차(HSR-350x)를 바탕으로 순수 국내기술로 개발한 고속열차였다. 2004년 12월에 시속 352.4km를 찍으며 시험주행에 성공했고, 이듬해 3월에는 시속 350km 주행성능을 인증 받았다. 이후 호남 · 전라선 KTX 도입 계획에 따라 공개입찰에 참여해 공급 계약을 체결했고, 2010년 3월부터 운행을 시작했다. 그런데 운행이 채 5개월도 지나기 전에 60여 건의 크고 작은 고장이 잇따르면서 국민의 걱정을 샀고, 급기야 코레일로부터 '리콜' 요청을 받기에 이르렀다. 코레일은 제작사(로템)를 상대로 11억 원이 넘는 피해구상 청구 소송을 냈다. 우리도 고속열차를 만들 수 있다는 자부심에 찬 물을 끼얹은 사건이었다.

〈후속보도〉 위기의 한국고속철

"KTX-산천, 승객 태우고 '고장 테스트'하다 멈춰 섰다"

- 11월4일 멈춰 선 707열차, 원인은 개선 중인 모터블록 계전기 고장
- 승객 수백 명 환승…"시험장치 테스트는 심야 시운전해야"
- 전문가 "안전 불감증" vs 코레일 · 로템 "대수롭지 않다"
- 독일 기술진이 KTX-산천 고장 원인 규명… 국산 기술력 '머쓱'
- 추가 50량은 출고검사도 못해… 로템은 월 70억원 물어낼 판
- KTX-산천 '양호' 판정한 제작 · 성능 검사기관 무용론 대두
- 입찰위원, "입찰 당시 '한국형 원한다' 언질 있었다"

배수강 기자 | bsk@donga.com |

국내외 기술진의 고장 원인 규명에 나선 KTX-산천. 제작 검사에서는 전 항목에서 '양호' 판정을 받았다.

잦은 고장으로 국민의 질타를 받은 한국형 고속열차 'KTX-산천' 문제가 2라운드로 접어들었다. '로템의 기술력 부족' vs '코레일의 잦은 설계변경 요구와 촉박한 납기' 라는, 고장원인을 놓고 벌인 양측 공방이 1라운드였다면, 2라운드는 추가 도입 예정인 KTX-산천 50량을 놓고 진행 중이다. 코레일은 추가 50량만큼은 완벽한 열차를 받겠다고 통보했고, ㈜현대로템(이하 로템)은 외국 기술진까지 불러들여 고장 원인 규명에 나섰다. 그러나 11월4일 용산발 여수행 KTX-산천 707열차가 천안아산역 인근에 또 멈춰 서면서, KTX-산천의 기술력에 대한 의문은 잦아들지 않고 있다.

206

'신동아' 는 10월호 '승객 싣고 시운전하는 국산 고속철, 올스톱 고려할 정도로 치명적 결함' 기사를 통해 KTX-산천의 문제점을 긴급 진단했다. 충분한 기술력이 확보되지 않은 상황에서 납기(36개월)를 맞추다보니 제작 · 설계 결함이 많았고, 동시에 시운전 기간이 짧아 보완할 시간도 부족했다는 지적이었다. '한국형 고속열차 밀어주기' 와 관련해 입찰 과정에서의 의혹도 제기됐다. 이 기사는 9월23일 코레일에 대한 국정감사에서 의원들의 감사 자료로 활용됐다. 국감 당시 허준영 코레일 사장은 제작사(로템)에 대한 불만을 숨기지 않았다.

〈후속보도〉 위기의 한국고속철 _ 207

-월간 신동아(2011년 11월호) '위기의 한국고속철'-

2005년 KTX 입찰 기술평가 당시 로템의 기술력 문제를 지적한 권성열 부경대 교수.

찰에 절대적인 기준이었다. 다음은 그와의 일문일답.

-기술평가 당시 상황을 설명해달라.

"2005년 11월29일부터 2박3일간 대전의 한 호텔에서 진행됐다. 17명이 오전 8시부터 자정까지 2.5t 분량의 자료를 모두 검토했다. 두 회사 관계자가 프레젠테이션을 했고 질의응답도 했다. 사업수행계획, 운영환경 적합성, 신호시스템 등 평가 배점 기준에 따라 모든 데이터를 검증했다. 기술평가 배점 기준은 완벽에 가까웠다. 엄격한 기술표준에 따르도록 했다."

-평가위원 중 유일하게 로템에 낮은 점수를 줬는데….

"그런가? 어떻게 알았나?"

기자는 사전 입수한 입찰 당시 기술평가 보고서와 공고문, 배점기준표 등을 보여줬다.

"평가위원으로서 구체적인 내용에 대해선 보안을 유지해야 한다. 자료를 가져온 만큼 그 부분에 대해서는 설명하겠다. 이해해달라. 먼저 사업수행실적과 운영 적합성, 신호시스템 등 종합적으로 평가해봤더니 유코레일이 더 뛰어났다. 로템은 차량 조립 능력은 좋았지만, 이 복잡한 시스템을 어떻게 운영할 것인지에 대해선 인식이 낮았다. 각 열차 차량 시스템뿐 아니라 전체 차량이 유기적인 시스템을 갖춰야 하는데 이런 인식이 낮았던 거다. '폴트 톨러런트 시스템(Fault-Tole-rant System)' 이 갖춰졌느냐? 무정전전원공급장치(UPS · 컴퓨터 전원이 끊어지거나 교란되는 것을 막아줘 컴퓨터 에러를 막아주는 보호기기)에 대한 인식은 없었다. 운행 중 전자제동제어장치(ECU) 같은 전체 시스템에 대한 인식도 낮았다. ECU에 문제가 생기면 안개 낀 고속도로를 달리는 것과 같다. 시속 300㎞로 달리면 앞이 안 보이고, 비상제동하면 3.3㎞를 달려 서게 된다. 이런 차량 시스템과 제어 시스템은 매우 중요하다. 점수가 낮은 이유다."

로템은 시스템 운영 인식 낮아… 잦은 고장 이유

'폴트 톨러런트 시스템' 은 컴퓨터 가동 중 일부에 고장이 발생해도 자동적으로 보완, 수정해 시스템 기능정지를 막는 온라인 시스템으로, 병원 등 시스템 기능이 정지돼서는 안 될 곳에서 사용하는 컴퓨터에 채택돼 있다. 그의 지적처럼,

214

KTX-산천은 1월14일과 25일 ECU 고장으로 열차가 멈춰 서는 등 시스템 불안정으로 인한 고장이 많이 발생했다.

그는 "지금 생각해보면 당시 코레일은 굉장히 준비를 많이 한 것 같다. 기존 KTX-1의 문제점을 해결하려고 애를 많이 썼다"고 덧붙였다.

-KTX-1의 문제점 개선이라면?

"여럿 있었다. 바닥재를 고무가 아닌 불연성 재료를 요구했다. 유코레일은 KTX-1과 같은 재료를 쓰겠다고 했다. 당시 프랑스인 유코레일 전무는 프레젠테이션에서 'KTX-1 바닥재는 유럽에서 인증을 받은 제품' 이라고 반발했다. 로템 측 관계자는 'G7 개발과정에 많은 돈을 들였고 국내 200여 개 기관이 함께 산학연구를 하고 있다' 고 국내기술을 강조했다."

-기술평가 당시 평가와 관련한 지침이 있었나?

"기술평가를 하게 되면 그 기관에서 전체적인 설명을 한다. 먼저 기관(발주처) 이익, 그리고 국가의 이익을 생각하라고 주문한다. 그때도 그랬다."

-국가의 이익이라면 '한국형' 인 로템 낙찰을 염두에 둔 말인가?

"'신동아' 10월호 기사를 봤다. 기사에 나온 대로다. 당시는 국가적으로 국내 기술로 개발한 한국형 고속열차(HSR-350X)를 밀어주는 분위기였다. 한국형 고속열차는 2007년까지 시스템 기능과 성능을 개선 중이었는데, 예정 기간보다 앞당겨 입찰에 참여해 조금 의아했다."

'신동아' 10월호는 KTX-산천 결함의 원인과 문제점을 지적하면서, 동시에 복수의 철도관계자의 말을 인용해 당시 로템 낙찰을 위한 외압 의혹을 제기했다.

-기사에 나온 대로라면, 기술평가 당시에도 로템을 밀어주는 분위기였나?

"점심 식사를 하다가 한 평가위원이 발주처(코레일) 관계자에게 물었다. '기관과 국가의 이익' 이 어떤 의미냐고. 그랬더니 그 관계자는 '우리는 좋은 차를 원하는 게 아니다. 한국형을 원한다' 고 했다."

-그 말이 평가에 영향을 미쳤다고 보나?

"나는 오히려 로템에 낮은 점수를 준 사람이다. 웃어 넘겼다."

기술평가 당시 평가위원 17명(코레일 소속 6명, 외부인사 11명)의 평균 점수는 로템이 75.3점, 유코레일(알스톰의 한국에이전시) 63.8점이었다. 하지만 권 교수는 유코레일에 높은 점수(74점, 로템은 71.9점)를 줬다.

-최근 KTX-산천 안전대책을 어떻게 보나?

"수동적이라는 느낌이다. 국토부가 내놓은 안전대책을 보면 프랑스 전문교육기관(SNCF)으로부터 전문교관 및 운영교육 과정 이수자를 고속철 기술력 향상에 활용한다고 돼 있다. 그런데 전문교육 이수자는 146명(차량 54명, 전기 54명, 시설 38명)이다. 이 인원 가지고는 시스템 맞추기도 어렵다. 시운전도 봄, 여름, 가을, 겨울 4계절을 다 해봐야 한다. 다만 높은 국산화율과 비교적 빠르게 개발 · 제작을 진행한 것은 높이 평가한다."

〈후속보도〉 위기의 한국고속철 _ 215

- 권성열 인터뷰 기사-

당시 KTX-산천은 트리포드(열차 바퀴에 동력을 전달하는 장치) 고장, 펜터그래프(전기공급 장치) 오작동을 비롯해 크고 작은 고장이 많았다. 한번은 차량 모터감속기 고정대 두 곳에서 심각한 균열이 발견되기도 했다. 모터감속기는 모터블록의 동력을 제어하는 장치로 무게만 약 350kg에 달했다. 시속 300km로 달리다 모터 감속기가 떨어졌다면 차체와 충돌해 자칫 대형사고로 이어질 수 있다. 신규 개발된 차량이어서 안정화 기간이 필요했는데, 납기일에 맞추느라 당시 '신동아' 기사 제목처럼 '승객 싣고 시운전을 하는' 꼴이 됐다.

전화를 한 배 기자는 어떻게 구했던지 입찰 당시 기술평가보고서와 공고문, 배점기준표 등을 모두 입수한 터였다. 입찰 관련 내용 뿐 아니라 (사)한국철도차량엔지니어링의 KTX-산천 검정증명서 등 설계 · 제작과정을 훤히 파악하고 있었다. 로템이 납기를 못 맞춰 지체보상금을 물었다는 내용까지 알고 있었다. 놀라웠다.

나는 순간 당황하지 않을 수 없었다. 기자의 추적 취재 전화도 처음이었거니와 나를 만나러 서울에서 내려온다는데 '내가 무슨 말을 해줄 수 있을까'하는 고민이 생겼다. 그리고 특히나 내가 대학시절 즐겨봤던 '신동아'는 우리나라에서 가장 오래된 잡지이자 세상을 뒤흔든 여러 특종을 한 월간지가 아니었던가. 내가 자칫 말 한마디 잘못하면? 기자의 '유도 질문'에 넘어간다면? 혹시나 입찰 관련 보안사항을 술술 말한다면? 의문과 불안이 꼬리에 꼬리를 물었다.

결국 나는 다음 날 기자에게 전화를 해 이런 저런 핑계를 대며 인터뷰 요청을 거절하고 말았다. 그런데 수화기 넘어 들려온 기자의 마지막 말이 밤새도록 귓가에 맴돌았다.

"네. 교수님. 뜻(인터뷰 거절)은 잘 알겠습니다만, 교수님…우리가 보통 박사님이나 교수님을 존중하고, 때로는 존경하는 것은 그분들의 '가방끈'이 길어서는 아니겠지요. 그동안 열심히 배운 것을 바탕으로 새로운 연구를 하고, 제자를 가르치며, 무엇보다 그 배운 것을 통해 우리 공동체의 미래를 밝히려는 사람이어서 존중하고 존경하겠죠. 저와 인터뷰는 안 해도 좋습니다만, KTX-산천을 도입한 전문가이자 심사위원으로서 그 문제점과 결함에 대해 아시는 게 있다면 지금이라도 코레일에 전화해 알려주세요. 국민안전이 위협받고 있지 않습니까. 학자라면 공동체를 위해 이 정도는 하셔야하지 않을까요."

순간 학자로서 내가 부끄러웠다. 그리고 나는 떳떳하지 못했다. 기자나 학자나 모두 진실을 찾는 사람들 아닌가. 부산으로 내려오겠다는 기자는 진실을 알고 싶어서인데, 나는 그를 믿지 못했다.

기자에 대한 선입견이나 갑작스런 전화에 당황한 측면도 있었겠지만, 번거롭기도 했고, 혹여 내가 모르는 나의 잘못이 있으면 어쩌나 하면서 어쩌면 나는 진실을 덮으려고 했는지도 모른다.

나는 다음 날 연구실에 출근하자마자 나는 배 기자에게 전화를 했다. 그리고 며칠 뒤 연구실에서 그와 마주 앉았다.

'백팩'에서 노트북과 자료를 꺼내는 그의 첫인상은 퍽 인상적이었다. 그는 나를 만나기 전에 이미 전 · 현직 코레일 관계자와 기술자들, 해외 전문가 등 10여 명을 만나거나 전화 통화를 한 터였다. 웬만한 전문가보다 이 사고에 대한 식견이 깊었다. 그가 입수한 문건 중에는 나도 모르는 입찰 당시 배점표도 있었다. '어디서 이런 자료를 구했느냐'는 질문에 그는 '알려드리고 싶지만 제보자와의 약속은 지켜야해서요'라며 웃었다. 이런 소소한 대화를 하면서 나는 그에게 조금씩 마음의 문을 열었다.

우리는 우선 타임머신을 타고 2005년 11월 대전의 한 호텔로 돌아갔다. 당시 나는 그 곳에서 2박 3일간 입찰 심사를 했다. 코레일 소속 6명, 외부인사 11명이 포함된 기술평가위원 17명이 점수를 매겼다. 당시 심사위원들이 매긴 배점표를 보니 웃음이 났다. 17명의 평균점수는 로템이 75.3점, 유코레일(프랑스 '알스톰'의 한국 에이전시) 63.8점이었다. 기자가 보여준 나의 점수는 반대였다. 유코레일 74점, 로템 71.9점이었다. 나도 그날 기자를 만났을 때 처음 알았다.

당시 입찰 과정에서는 차량 시스템과 제어 시스템은 매우 중요했는데, 로템의 차량은 '폴트 톨러런트 시스템'(Fault-Tolerant System · 컴퓨터 일부 고장이 발생해도 자동적으로 보완해 시스템 기능정지를 막는 온라인 시스템)과 '무정전 전원공급장치'(UPS · 컴퓨터 전원이 끊어지거나 교란되는 것을 막아줘 컴퓨터 에러를 막아주는 보호기기)에 대한 인식이 낮았던 것이다. 고속열차는 시속 300km로 달리면 앞이 안보이고, 비상제동하면 3.3km를 달린 후에야 서게 되지만, ECU(운행 중 전자제동제어장치)에 대한 기술력과 인식도가 낮았다. 그래서 나는 다른 심사위원들과 달리 로템의 점수를 낮게 준 것이었다.

그와 인터뷰를 하면서 그동안 잊고 있었던 전문가로서 자부심도 생겼다. 입찰 심사를 하면서 맹목적으로 '한국형'을 칭찬하거나 '국가이익'에 매몰됐다면 나는 크고 작은 사고가 난 뒤 후회했을 지도 모르겠다. 그날 그와의 인터뷰는 '신동아' 2011년 11월호 "KTX-산천, 승객 태우고 '고장 테스트'하다 멈춰 섰다"는 제목으로 나의 사진과 함께 실렸다. 기사 보도 이후 정부는 더욱 적극적인 안전대책을 발표했고, 그 기사로 인해 누가 구속됐다느니 하는 이야기도 들려왔다.

돌이켜보면 인터뷰 과정에서도 '이런 말을 해야 할까 말아야 할까'하는 고민이 있었다. 그런데 진실을 알고 싶어 하는 사람 앞에서 차마 거짓말을 할 수는 없었다.

교수는 교수답게, 기자는 기자답게, 각 분야의 직업인들이 정직하게 자신의 '업(業)'을 해나가는 사회는 바르게 작동하고 상호 신뢰할 수 있다. 그래서 나는 난생 처음 본 기자에게 '오프 더 레코드(off the record · 비보도)'를 전제로 민감한 내용을 알려주며 그의 이해를 도왔다. 그리고 안전대책에 대해서도 이런저런 조언을 했다. 이후 나는 배 기자와 오랜 교류를 하고 있다. 기자와 취재원으로 만나 십 수 년을 이어온 인연도 중요하지만, 그를 통해 '무신불립'이라는 깨달음을 얻은 건 큰 수확이었다. 그 사건을 생각하면 지금도 입고리가 절로 올라간다. 세상사 신뢰하지 않고 할 수 있는 게 있을까.

제3막

나의 삶 3:

국익과 정치

"그대는 매일 5분씩이라도 나라를 생각해 본 일이 있는가?"

- 안창호 -

유비무환 (有備無患)

有 : 있을 유, 備 : 갖출 비, 無 : 없을 무, 患 : 근심 환

미리 준비를 하면 후일 근심이 될 만한 것이 없음.
뒷걱정이 없음.

'소 잃고 외양간 고친다'는 속담이 있다. 우리는 언제 어떻게 재난을 맞닥뜨릴지 모른다. 그래서 평소에 그 대비책을 강구해야 하는데, 그게 말처럼 쉽지는 않다. 그러다보니 어려움을 겪고 난 이후에 급히 대비책을 마련하지만 이미 시간은 흐른 다음이다. 이 속담의 반대되는 모범적인 답안으로 우리는 '유비무환'이라는 사자성어를 자주 사용한다. '유비무환'은 공자가 직접 저술한 것으로 알려진 고대 중국의 왕조 역사가 성립되는 과정을 기술한 역사서 서경(書經)의 '춘추좌씨전(春秋左氏傳)'에 등장한다.

춘추시대에 진(晉)나라의 도공(悼公)에게는 사마위강(司馬魏絳)이라는 충신이 있었다(우리나라에는 사마(司馬)라는 성은 별로 없지만 중국에서는 흔히 볼 수 있는 성이다). 자고로 충신은 부러질

지언정 구부러지면서 주군을 위한 충언을 거두지는 않는 법. 사마위강도 잘못되었다고 생각이 되면 강직하게 직언을 했다. 그러다 보니 당연하게도 주군의 친인척에게도 칼날이 뻗쳤다.

주군이었던 도공의 동생인 양간(楊干)이 법을 어기자 차마 그를 벌할 수 없어 공범인 그의 마부를 잡아다가 사형에 처했다. 이를 알게 된 양간과 그의 형 도공이 노발대발한 것은 이미 예상한 바. 사마위강을 처단해야한다는 동생의 생각에 동의한 도공은 사마위강이 '윗물이 더욱 맑아야 나라가 바로 선다'는 신조를 굽히지 않자 자신에게 불충한 것으로 생각했다. 이에 양설이라는 신하가 그를 변호하였다. 이는 불충이 아니라 사사로운 정에서 벗어나 주군이 진정으로 성군으로 거듭나기 바라는 대한 충심에서 우러나온 점이라고 강조하였다. 이에 심사숙고한 도공은 이후 사마위강을 더욱 신임하게 되었다.

이후 진나라는 춘추시대의 복잡한 국제정세에서 노련하게 대처하였고, 이에 이웃나라 정나라는 도공에게 감사의 의미로 값진 선물과 궁녀들을 보내왔다. 이에 도공은 몹시 흡족해하며 사마위강에게 이를 하사하려 하였다. 그러자 사마위강은 다음과 같이 충언을 하며 사의를 거절했다.

"편안할 때에 위기를 생각하십시오(居安思危). 그러면 대비를 하게 되며(思則有備), 대비태세가 되어 있으면 근심이 사라지게 됩니다(有備則無患)."

이 사마위강의 충언에서 유비무환이라는 사자성어가 나왔다. 이처럼 모든 일이 순조롭게 돌아가더라도 항상 우환을 대비해야 한다. 우산은 비 온다고 만드는 것이 아니라 햇빛 쨍쨍할 때 만들어 놓아야 비가 올 때 사용할 수 있기 때문이다.

1.
교육,
國家百年之大計라는 위엄

- 자식은 부모의 거울…공동체 교육의 중요성 -

초등학교 때부터 받았던 교육이 있다. 우리나라는 국토의 4분의 3이 산지이고, 천연자원이 부족하여 부강한 나라가 되기 어렵다는 것이다. 우리나라가 가지고 있는 것은 좁은 영토에 많은 국민뿐이니, 교육은 백년지대계(百年之大計)요, 우리나라가 살 수 있는 길은 오직 교육뿐이라고 배웠다. 그래서 그 때의 이 교육은 머리에 깊이 각인되어 나의 초등학교 때 꿈은 그 당시 다른 친구들의 꿈인 대통령, 판사 등과는 다르게 과학자였다.

지금 생각해 보면 그때 국가의 목표는 과학기술 발달을 통한 국가 근대화와 발전을 추구하던 시기였다. 그 당시의 이러한 사회적인 당위성이 어린 나에게 영향을 끼쳤고, 그래서 난 장래의 꿈이 과학자라고 말한 것 같다. 이렇듯 교육이 한 개인의 발전 방향과 목표에 큰 영향을 준다. 그 사회가 발전 하는데 있어 교육만큼 중요한 것은 없다.

아주 오래전 어떤 책에서 공동묘지에서 한자로 적힌 묘비를 읽지 못해 자식이 부모의 무덤을 찾지 못하니 최소한의 문자교육을 해야 한다고 주청하는 신하의 글을 있었다는 구절을 읽은 적이 있다. 부모에게 최소한의 도리를 하려면 글자를 배워야 한다는 것이다.

나는 공부와 교육에는 차이가 있다고 생각한다. 처음으로 이루어진 현대사회의 교육은 산업혁명이 시작된 것에서 비롯한다. 산업혁명으로 가내수공업 수준의 산업이 기계를 이용한 대량생산의 시대가 되자 공장에서 기계를 다를 줄 아는 많은 사람들이 필요해졌고, 이를 위해서는 숫자를 세는 것과 덧셈 뺄셈 곱셈 나눗셈을 하는 간단한 사칙연산과 기계를 작동시키는 데 필요한 지침과 설명서를 읽을 수 있는 교육이 필요하였다. 그야 말로 그 당시에 필요한 인력을 보충하기 위한 교육이 필요했다. 그래서 필수 교육이 되었다.

지금은 누구든 당연히 여기는 책을 사거나 빌려 읽은 지적 활동도 중세에는 극소수의 왕족과 귀족의 전유물이었다. 당시 책은 일일이 펜으로 한 글자 한 글자 써서 만들었으니, 책 한 권의 값이 당시 농민이 평생 모은 재산과 비견할 수준이었다. 라틴어로 된 글자를 읽고 쓴 다는 것은 왕족과 귀족, 그리고 성직자뿐이었다.

영화에서 보면, 사형을 당하는 사람에게 '마지막 할 말은 없냐'고 묻는다. 그 옆에는 성직자가 서 있다. 중세에는 사형수가 성경책을 읽을 수 있다면 사형을 면제 받았다고 알려질 정도로 독서력은 아주 극소수에게만 주어진 특권 이었다. 가르치고 배우지 않으면 어찌 세상을 알 수 있겠는가.

글을 읽고 쓰는 등 기본적인 교육의 수준이 법으로 정해져 있고, 초등학교와 중등학교 까지 의무교육이 되어 문맹(文盲)이 없어지고 있지만, 내가 어렸을 때만해도 할머니들은 간단한 산수와 글을 쓰실 수 없는 분들이 많았다. 그런데도 시장에서 장사를 하면서 가격을 정하고 물건을 팔고 거스름돈을 주고받는 게 놀라울 뿐이었다.

그렇다. 현대 사회가 발달하고 의무교육과 법적인 필수 교육이 정착되었다. 지금의 우리 사회가 절실히 필요로 하는 교육 목표는 사회를 발전시키는 기존의 목표 보다 다른 가치관의 목표가 필요하다고 생각한다.

어렸을 때 당시 부자들의 동네였던 서울 여의도에서 초등학교와 중학교를 다닐 때 가끔 학교 앞에서 병아리를 팔던 사람이 있었다. 지금 생각해 보면 그 병아리들은 난계 즉, 달걀을 낳기로 유전자 개량이 된 병아리들인데, 수컷들은 달걀을 낳지 못하니 학교 앞에서 어린 학생들에게 귀여움과 호기심을 무기로 팔리게 된 것들이었다. 알다시피 그런 병아리는 오래 살지 못하고 죽는 경우가 대부분이다.

우리는 물론 사람을 존중해야 하지만 나 아닌 다른 생명체도 존중해 주어야 한다. 이런 것이 왜 필요한지, 그리고 이것을 얼마나 지키고 사는지에 대한 교육은 없었다. 또 그 때 친구들은 다른 친구들이 사는 아파트의 평수가 작으면 '개집' 이라고 놀리는 경우도 많았다. 너무나 잘못된 물질로 사람을 평가하는 것들은 어린 친구들의 기준이었을까, 아니면 그 친구들의 가족과 부모의 기준에서 본받은 것이었을까.

어떤 유명한 병원의 의사 교수님이 하신 말씀이 생각난다. 같이 일하고 있는 동료, 후배 의사들은 모두 최고의 학교에서 최고의 공부를 한 사람들인데, 추석이나 설 연휴가 끝나고 다시 만났을 때에 '연휴는 잘 보내셨나요'라고 인사말조차 물어 보는 사람이 없다고 했다. 단지 공부를 잘하는 것만으로는 우리가 같이 사는 사회에서 같이 어울려 살 수는 없다고 생각한다. 가르쳐도 깨닫지 못하고 성적만 좋으면 무엇을 할까. 나는 나와 가족 그리고 내가 속한 사회에서 다른 사람과 어울려 잘 살 수 있고, 사회에서 받은 것은 사회에 다시 돌려주어야 하며, 그리고 무엇보다도 인간미가 있는 사람이 되어야 한다고 생각한다. 이렇게 말하면 지금은 무한대의 경쟁 사회인데 성과와 업적, 결과가 너무나 중요한 데 이렇게 어울림을 말하고 인간미를 말하는 것이 너무나 비현실적이라는 말을 듣기도 한다.

그러나 생각해 보면 우리 모두는 서양의 개인과는 다르게 이 세상 모두가 나의 아버지의 형들과 동생의 먼 친척이고, 따지고 보면 남인 사람이 아무도 없다고 생각 한다. 지금의 내가 듣고 보고 생각하고 말하는 모든 것들은 바로 내가 배운 것들로부터, 내가 교육 받은 데에서 비롯된 것이다. 자식은 부모의 거울이다. 그래서 교육은 부모가 몸으로 보여줘야 한다. 그게 교육이요, 국가백년지대계가 아닐까.

친환경이 아니라 필환경이다. 환경 강의하러 중학교에 갔는데 입시에 대한 엉뚱한 문의를 받아 조금 황당했던 어느 날. 입시에 얼마나 눌러있으면 그럴까 싶어 더욱 힘을 내어 재미있게 강의하려 힘을 냈던 날이다.

-모 중학교에서-

수주대토(守株待兎)

守 : 지킬 수, 株 : 그루터기 주, 待 : 기다릴 대, 兎 : 토끼 토

되지도 않을 일을 공연히 고집하는 어리석음을 비유하는 말.

그루터기를 지켜보며 토끼가 나오기를 기다린다는 뜻으로, 한비자(韓非子) '오두편(五蠹篇)'에 나온다. 한비(韓非)는 이상적 왕도 정치로 추앙받던 요순(堯舜)의 정치는 시대에 뒤떨어졌다고 주장하여 다음과 같은 일화를 들려줬다.

송(宋)나라에 한 농부가 있었는데, 하루는 밭을 가는데 토끼 한 마리가 달려가더니 밭 가운데 있는 그루터기에 머리를 들이받고 목이 부러져 죽었다.

그것을 본 농부는 토끼가 또 그렇게 달려와서 죽을 줄 알고 밭을 가는 것을 그만두고 그루터기만 지켜보고 있었다. 그러나 토끼는 다시 나타나지 않았고 그는 사람들의 웃음거리가 되었다. 이뤄지지도 않을 일을 과거 경험과 낡은 관습만 고집해서 지키거나 새로운 일을 추구하지 않는다는 말이다.

행정부처가 있던 세종시에 세종국회의사당과 대통령실 제2 집무실을 짓는다는 소식이 들려오니 물끄러미 그루터기에 앉아 토끼만 기다리는 어리석음은 범하지 않은 거 같다.

2.
부처 首長의 '자리 비움'과 공무원 직무스트레스

- 국회와 대통령실 집무실 건립, 세종시의 완성 -

지금은 세종시가 특별자치시로 어느 정도 자리를 잡았지만, 세종시로의 행정부처 이전은 쉬운 일은 아니었다. 국무총리실과 정부부처 상당수는 2014년 서울에서 150km 떨어진 세종시로 옮겼다. 예산을 다루는 국회와 대통령실은 수도 서울에 있는데, 정부 행정기관이 대거 세종시로 옮기다 보니 다양한 풍경도 펼쳐졌다.

그러다보니 장관들은 정부세종청사 집무실 보다는 서울에 있는 부처 사무실에서 주로 업무를 처리하고, 업무보고를 위해 실국장 등 간부들은 거의 매일 서울로 출장을 갔다.

주변의 정부처 국·실장급 지인들의 얘기를 들어보면, 과장 시절에는 업무보고 때문에 서울과 세종시를 오가는 길에서 하루 시간 대부분을 보냈다고 한다. 그래서 '길과장' '길국장'이라는 조롱 섞인 신조어가 유행할 정도였다.

세종시로 행정부처를 옮긴 뒤인 2015년 기사(뉴데일리 경제 2015.6.9 "정치인 출신 장관 부재중")를 보면 유일호 당시 국토교통부 장관은 취임 80일 중 10일만 세종시로 출근했고, 유기준 당시 해양수산부 장관은 한 달에 서너 번 정도 세종시로 출근했다. 지금은 이게 뉴스가 되지 않는다. 이미 익숙해졌다.

국회와 대통령실, 경제인과의 만남, 각종 행사가 서울에서 이뤄지니 정부 부처 국·실장과 장·차관은 서울에서 시간을 보내는 것도 이해가 간다. 업무를 보든지, 다른 기관과 업무 조율을 하든지 그건 공무원들이 규정에 따라, 혹은 요령껏 해결해야 한다.

나는 이 대목에서 다른 생각을 한 적이 있다. 학교에서 담임 선생님이 계실 때와 안 계실 때, 집에서 아버지가 계실 때와 안 계실 때 직원이나 자녀가 갖는 마음가짐은 다르다. 정부 부처 역시 마찬가지다. 장·차관 등 부처 수장(首長)이 자리를 비우면 직원들의 업무 태도도 분명 영향을 받는다(물론 다 그렇지는 않을 것이다).

정부 부처에서 근무하는 지인은 "장관이 청사에 하루밖에 없을 때도 있다 보니 조직의 긴장도가 확 떨어졌다"고 말한다. 수많은 세종시 공무원들은 부처 수장이 자리에 있을 때와 없을 때 업무 긴장도와 업무 효율성, 책임성은 확연히 차이가 나며, 부처 수장의 '자리 비움'으로 인한 예상치 못한 갈등과 직무스트레스가 종종 발생한다고 토로한다.

물론 화상회의나 전결, 스마트 기기를 이용한 업무 등으로 이러한 문제를 보완할 수 있지만, 지인은 "화상회의나 전결 등으로 장관의 자리 부재를 보완하라고 하지만 실제 공직 현장에선 거의 이뤄지지 않는다. 모처럼 세종시로 출근한 장관 결재를 받으려고 비서실에 '통사정'하거나 미리 장관실에 올라가 눈치껏 결재 대기를 하다보면 하루가 그냥 간다"고 말하기도 했다.

이전 초창기에는 장관이 오지 않으면 보통 오후 5~6시 퇴근 무렵 '내일용으로 다시 결재문서 작성하라'고 툭 던져주는 일도 많다고 한다. 경우에 따라 다르지만 이로 인해 예상치 않은 야근을 하거나 상사와 갈등이 생기는 경우도 종종 있다고 한다. 응급 상황 발생 시 부처 수장에게 의논하고 결재를 받아야 하는데 시급한 판단을 내릴 수도 없다.

이런 문제는 집단과 위계성을 중시(권위의 수직적 구조)하는 한국 사회의 문화적 특성일 수도 있다. 어쨌든 보고와 결재를 제때 하지 못하는 업무 불확실성 등으로 직원들은 업무 스트레스로 이어지는 경향을 보인다. 특히 공적자아 개념이 강하고 승진을 중시하는 공무원들은 '울며 겨자 먹기'식으로 '자리비움 현상'에 순응해야 해 스트레스가 심하다고 하소연하고 있다. 불확실성과 예외적인 상황 속에 '알아서 즉시 대응해야 하는' 눈치가 강조되면서 업무 스트레스는 가중된다.

이제 세종시 이전도 10여 년 가까이 지나면서 공무원들도 익숙해졌다고는 하지만 여전히 '서울로 서울로' 향하는 공무원들이 많다. 결국은 힘 있는 기관이나 예산을 다루는 기관이 서울에 몰려 있으니 공무원들이 이런 스트레스를 받는 거 아니겠는가. 동시에 공무원들은 국회와 대통령실, 정부부처 상호간 자주 만나서 머리를 맞대야 행정 효율도 높아지기 마련이다. 따라서 선진국들은 대부분 행정 효율을 높이기 위해 국회, 행정부, 대통령 관저가 반경 3, 4km 내에 모여 있다. 국회와 대통령실의 세종시 이전을 다시 톺아봐야 하는 이유이기도 하다. 멀뚱히 이런 비효율성을 지켜보는 게 아니라, 세종시의 비효율성을 제거하기 위한 절차가 착착 진행되는 거 같아 늦으나마 다행이다.

우선 2021년 9월 세종국회의사당 건립을 위한 국회법 개정이 이뤄졌다. 국회세종의사당은 2028년 준공 목표로 세종시 세종동 S-1생활권 부지 면적 63만1000㎡(약 19.1만 평)에 여의도 국회 2배 규모로 건립된다. 세종시 대통령실 제2 집무실 역시 윤석열 대통령 대선 공약으로 2022년 5월 국회를 통과한 행정중심복합도시 건설 특별법 개정안에 따라 법적 근거가 마련돼 2027년 준공 목표다. 수주대토(守株待兎)하지 않고 정치권과 공무원 사회가 머리를 맞대 비효율성을 제거하고 대한민국 미래를 위해 머리를 맞대는 느낌이다.

로마의 10번째 황제 티투스는 황태자 시절 유대전쟁에 참전했다. 예루살렘을 함락하고 유대인들의 정신적 구심점인 헤로데 성전을 파괴했다. 그럼에도 성전의 축대였던 '이방인의 뜰' 서쪽 담장은 미처 무너트리지 못했었다. 뿌리를 잃은 유대인들이 그나마 남은 성전의 서쪽 축대 밖에 모여 통곡하였고, 그래서 '통곡의 벽'이라 이름 붙여졌다. 아직 예루살렘 성전은 복구되지 못하였기에, 아직도 전세계의 많은 유대인들이 이곳을 찾아 기도를 올리고 있다.

-이스라엘 예루살렘에서-

읍참마속(泣斬馬謖)

泣 : 울 읍, 泣 : 벨 참, 馬 : 말 마, 謖 : 일어날 속

울면서 마속의 목을 벰.
사사로운 정을 포기하고 원칙대로 공정하게 질서를 바로 잡음.

그동안 '읍참마속의 심정으로'라는 말을 자주 듣는데 문맥이나 상황에 견주어 대략 무슨 뜻인지 알겠는데 정확히 어디서 어떻게 유래된 사자성어인지는 잘 알지 못했다. 읍참마속도 제갈량과 관련이 있다. 만약 제갈량이라는 인재가 역사에 등장하지 않았더라면 중국의 역사만 바뀐 것이 아니라 고사성어의 양도 확실하게 줄었을 것 같다.

위나라와의 전투 책임자로 자신의 죽마고우인 마량의 동생인 마속(馬謖)이 임명된다. 그러나 마속은 상관인 제갈량의 명령을 어겨 전투에서 참패하였다. 이에 제갈량은 눈물을 머금고 돌아 온 마속의 목을 벤 뒤, 누군가가 "앞으로 천하(天下)를 평정(平定)하려하는 이때에 마속 같은 유능한 인재를 없앴다는 것은 참으로 아까운 일

입니다"하고 말하자 제갈량은 참았던 눈물을 흘리며 "어지러운 세상에 군율을 무시하게 되면 어떻게 적을 평정할 수 있겠는가"라고 대답했다는 일화가 전해진다. 탁월한 지략가인 그가 눈물을 흘리며 사사로운 정보다는 큰 그림을 위해 공정하고 투명하게 일을 처리하였다는 이야기다.

읍참마속! 동서고금 막론하고 모든 크고 작은 일에 꼭 필요한 대표적인 고사성어다.

3.
내가 기성 정치권에 도전장을 던진 이유

- 어둠을 탓하고 모른 척 할 수 없었던 나 -

2019년 12월 베트남 출장을 갔다가 돌아오는 길에 갑자기 모든 것이 변했다. 객실 승무원들이 마스크와 보안경을 쓰고 손에는 수술용 장갑을 착용하고 있었다. 호흡기를 통한 전염병이 돈다고 했다. 부산에 도착해서보니 그 전염병은 '코로나'였다. 시간이 조금 지나 국내에도 첫 감염자가 발생했다. 그 당시 정부는 KF-94 마스크를 쓰라고 하고는 국민들이 이동을 못하게 하였다. 갑자기 휴대폰에는 재난문자가 오기 시작했는데, 어느 누가 코로나 확진이 되었고, 그 장소에 있던 사람들은 보건소나 병원에 가라는 내용이었다.

갑작스런 전염병의 확산은 국민을 떨게 만들었고, 당시 정부는 이 전염병을 정치에 이용하였다. 정부는 코로나에 걸리지 않으려면, 마스크도 그냥 마스크를 쓰면 안 되고 KF-94 마스크를 써야 된다고 선전하였다.

그런데 이 마스크도 시중에서 살 수가 없었다. 이후 자기 주민번호에 맞추어 특정한 날에 특정한 약국에서만 5매 구입이 가능하였다. 당시까지 코로나는 치료약이 없다고 하고 한번 걸리면 폐에 영구히 흔적을 남긴다고도 했다. 모든 질병은 앓고 난 흔적을 사람의 몸에 남기게 된다. 코로나만이 그런 게 아닌데 정부와 의약계가 진실과 사실을 제대로 알리지 않는다는 생각이 들었다. 질병이나 재난에 대해 국민들을 보호하는 것은 너무나 당연하지만, 사람들을 공포에 떨게 하고, 마치 큰 재난이 다가온 것처럼 알리는 게 나는 너무 안타까웠다. 혹세무민(惑世誣民)이라는 단어도 떠올랐다. 올바른 의학정보와 실상을 말하지 않고 단순히 감염되면 죽는 병이고, 낫더라도 영원히 흔적을 남기는 병이라고 강요, 혹은 강조하는 것처럼 보였다. 국가가 국민을 상대로 서로 경계하게 하고 특정 지역과 사람들을 증오하게 만드는 현실이 개탄스러웠다.

그 당시 야당 관계자가 정부의 요직에 있던 교수 출신 관계자의 교수 임용에 대해 비난하는 라디오 방송을 들었다. 그가 비난한 것은 그 인사는 교수 임용 때 책 한 권을 써서 그것으로 연구 실적을 인정받아 유명 대학에 임용되었다는 것이다. 책 한 권만으로 연구 업적을 인정받아 교수 임용이 된 것은 잘못되었다는 말이 맞다. 그러나 그 정부 관계자가 야당 관계자를 비난할 때 자기가 어떻게 하여 교수가 되었는지 말하는 내용을 들어보니 가슴 속에서 위선의 역겨움이 올라 왔다.

방송에서 진행자가 '그럼 당신은 책 한 권이 아니라면 어떻게 교수가 되었는가'라고 물었다. 그 사람은 조금 더 주저 하지 않고 자기는 논문 12편을 써서 정교수가 되었다는 말을 하자, 청중들은 책 한 권과 논문 12편의 차이를 인정하듯 박수를 쳤다. 역겨웠다.

나에게 누가 나는 어떻게 정교수가 되었는지 묻는 다면 바로 답을 못한다. 논문을 몇 편 써서 교수가 되었는지 묻는 다면 나는 한참을 생각해야 한다. 매년 매 학기마다 고등학교 선생님보다 많은 시간의 강의를 해야 했고, 학생들을 면담하고 학생지도를 하고 얼마나 많은 외부 심사를 하고 학술 논문 발표를 하고, 논문을 투고하고 게재했는지 내 10년간의 일들을 어떻게 기억하고 바로 답을 할 수 있을까? 그건 불가능하다. 진실은 감추고 자기를 높이기 위해 다른 사람을 비난 하는 것이다. 그리고 그것을 정치적으로 이용하는 것이다.

나는 더 이상 이런 위선을 두고 보기 어려웠다. 어둠이 짙다고 해서 내 일이 아니지 하고 그냥 넘어 갈 순 없었다. 뭐라도 해야 했다. 이제는 어둠을 탓하면서 핑계를 대고 남의 일이라고 무시할 순 없었다. 내가 스스로 등불이 될 수밖에 없었다. 가진 것이 없고 나를 도와줄 사람도 많지 않지만, 그래도 이 어둠이 우리를 집어 삼킬 것이라고 말은 해야 했다. 이 어둠은 우리의 두려움과 미움과 시기와 질투, 그리고 욕심에서 나온 것이다. 이 어두움을 물러가게 해야만 살 수 있다는 것을 이 사회와 국가에 용기 있게 말해야 했다. 앉아서 아무 일도 하지 않고 저 밖의 어둠만을 탓할 바에야 차라리 내가 내 스스로 빛이 되어 이 어두움을 밝히고 싶었다.

당시는 여당과 야당을 할 것 없이 모두 실망스러웠다. 정부와 국가는 진실과 진리에 침묵하고 당연히 해야 하는 일들에 대해서는 모르는 척했다. 어떤 정치인이라도 국가와 민족의 현재의 삶과 방향을 제시하지 않고, 그저 문제가 생겼을 때마다 미봉책으로 대처하는 일들이 실망스럽고 안타까웠다.

어둡고 어두운 현실 사회와 정치에서 나는 결심을 했다. 이 어두움을 원망하고 답답해하고 있을 것인가, 아니면 나 스스로라도 이 어둠을 밝힐 등불이 되어야 할까. 둘 중 선택을 해야 했다. 어둡고 답답하다고 혼자 있을 수는 없었다.

그러던 중 2020년 3월 자유한국당이 준연동형 비례대표제로 인한 의석 변동에 대처하기 위해 만든 미래한국당에 21대 총선 비례대표 공천 신청자 후보로 원서를 제출했다. 그 때 원서를 제출한 사람은 500명이 넘었다. 나는 면접 전날 서울 여의도 국회 근처의 작은 호텔에서 잠을 자고 그 다음날 면접을 보았다. 비례대표 공천자 발표 명단을 보니 40명 예비후보에 이어 나는 순위계승 후보 6번을 받았다. 이후 국회의원 순위는 계승하지 못했지만, 처음 '조용한 출사표'를 던졌는데 신문에 이름까지 났으니 밑진 장사는 아니라고 생각하며 혼자 웃었다.

정치

미래한국당 비례대표 1번 조수진 2번 신원식… 유영하는 탈락

맹성규 기자

입력 : 2020-03-16 19:15:08 수정 : 2020-03-16 20:34:55

가

46명 발표

공병호 미래한국당 공천관리위원장(오른쪽)과 조훈현 공관위원이 휴일인 지난 15일 국회 의원회관에서 계속된 공천관리위원
후보 면접에서 휴식시간 동안 논의하고 있다. [사진 출처 = 연합뉴스]

-매일경제 2020년 3월 16일자-

◆ 다음은 예비 순위 계승자

1번 권순영 대한민국상이군경회 부회장

2번 성창규 서울의대 교수

3번 신민아 전 매일경제 국제부 영문뉴스 팀장

4번 지성호 나우 대표이사

5번 조갑련 전 경상남도 유치원 평가위원

6번 권성열 부경대 교수

https://www.mk.co.kr/news/politics/9249437

노이슈반슈타인성(Neuschwanstein)은 바이에른 왕 루드비히 2세(1845~1886)가 지은 로마네스크 양식의 궁전이다. '신 백조 석성(新白鳥石城)'의 의미다. 루드비히 2세는 게르만족의 이상적 궁전을 짓겠다는 일념으로 국가재정을 파탄내면서 막대한 자본을 쏟아부어 지었지만, 국가는 바닥난 재정을 만회하기 위해 그가 죽자마자 관광객을 받아들였다. 왕은 관광지 따위로 전락하는 것을 보고 싶지 않다며 자신이 죽으면 성을 부숴버리라고 유언했지만 지금은 지역경제의 든든한 버팀목이 됐다. 디즈니랜드의 신데렐라성이 바로 이곳을 본떠 만들었다. 성은 더할 나위 없이 수려하지만 보는 내내 마음이 불편했다.

-독일 퓌센에서-

새옹지마(塞翁之馬)

塞 : 변방 새, 막힐 색, 翁 : 늙은이 옹, 之 : 갈 지, 馬 : 말 마

새옹의 말처럼 복이 화가 되기도 하고, 화가 복이 될 수도 있음.

만리장성 국경지방에 '새옹'이라는 이름을 가진 노인이 있었다.

기르던 말이 도망가자 마을 사람은 새옹을 위로했다. 이에 새옹은 "누가 압니까? 이게 좋은 일이 될지"라고 대답해 주변을 의아하게 했다. 얼마 뒤 새옹의 말은 잘 훈련된 오랑캐의 말을 데리고 왔다.

이번에는 부러워하는 마을 사람들에게 "누가 압니까? 이게 화를 부를지"하고 대답했다. 며칠 후 새옹의 아들이 오랑캐의 말을 타다 넘어져 다리를 크게 다쳤다. 걱정하는 마을 사람들에게 새옹은 "누가 압니까? 이게 행운이 될지"라고 답했다. 마을 사람들은 아들의 일을 강 건너 불구경 하듯이 이야기하는 새옹이 매정하다고 수근거렸다.

그로부터 1년 후 오랑캐가 침입해 마을의 모든 청년들은 징집 당했지만 새옹의 아들은 불행 중 다행으로 징집에 면제를 받게 된다.

이렇듯 미래는 복이 화가 되기도 하고 화가 복이 되기도 한 예측 불가의 연속이다. 그렇기 때문에 더욱 준비하고 예방해야 한다. 지금 우리나라가 준비해야할 일은 뭘까.

4.
지금 대한민국이 해결해야할 네 가지 숙제

- 공동체가 품어야할 4題: 토론, 중산층, 생존, 북한 -

① 한국에서의 토론 문화 부재

타인을 공격하고 비난하는 정치가 계속 되고 있다. 어떠한 주제에 대한 건설적이고 유익한 토론은 언제나 환영한다. 그러나 근래 들어 토론은 없어지고 선전 · 선동이 많아져 씁쓸하다. 지난 10여 년 동안 인터넷 등 미디어의 발달과 유튜브 등 개인 미디어가 많아지고 이른바 SNS(소셜네트워크서비스)를 통한 여론 형성과 방송이 급격히 증가 하는 추세이다.

이러한 방송과 미디어들은 구독자 숫자와 후원금 그리고 그 영상의 조회수와 광고 등의 금전적인 이윤이 직접 연결되기에 매우 선정적이다. 다양한 의견과 시각을 가진 개인 뉴스 방송이 늘어난다는 것은 좋게 볼 수 있으나, 이것들의 이익 추구 행태는 전술한 것처럼 인기 위주의 영상과 방송이기에 선정적이고 품격도 그다지 높지 않다. 영상 제목부터 사람들의 관심을 끌기 위해 말초신경을 자극 하는 문구임은 말할 것도 없다.

대중을 대상으로 하는 영상과 방송은 그 특성상 폭로성 영상이 많고, 기사 역시 말초적이고 감각적으로 인간의 호기심과 본능을 자극한다. 어떠한 사회적 이슈나 정치적 주제를 가지고 하나하나 토론을 하는 품격은 찾아 볼 수 없다. 마치 지금의 영상과 방송은 현재 우리나라 정치판의 가장 나쁜 점들만 모아 둔 것 같다. 이제는 이러한 영상과 방송들이 감각에만 의존하는 저급한 자료들을 만들고 있다고 볼 수 있다.

만약 어떠한 정책이나 이슈가 사회 · 정치적으로 문제가 있다면, 각각 다른 입장을 가진 사람들이 모여서 1차 토론을 하고 결과를 정리해 공표하고, 다시 2차, 3차 토론을 해야 한다. 앞선 토론에서 확인 할 수 없는 사안에 대해 추가 토론을 하고, 소정의 결과를 도출해 낸다면 그 누가 보아도 이러한 정책이나 이슈가 어떤 것인지 쉽게 알 수 있을 것이다. 일시성이 아닌 여러 차례 적확한 토론을 거치면 누가 보아도 명확히 어떤 게 올바른 결과인지를 알 게 된다. 물론 개인의 판단 기준은 다른 수 있지만, 각기 다른 시각으로 토론을 하다보면 스스로 결정을 내릴 수 있을 것이다. 이것이 성숙한 사회의 기본이다. 선전 · 선동하는 영상물이 판을 치면, 제작자에게는 돈이 될지는 모르겠으나 사회와 국가의 정신 건강에는 나쁜 영향을 미친다.

② 30년간 힘들다는 중산층

나는 22세 때부터 지금은 전통시장이라 불리는 안동 구시장과 신시장을 돌아다니며, 가게 사장님들로 부터 매일 1만 원씩을 받아 저축을 대신하는 일을 한 적이 있다(5. '만 원 지폐에 희망을 담는 시장 상인들' 참고). 그 과정에서 지방 중소도시 시장 상인들을 통해 매일 매일의 매출과 경기를 피부로 느낄 수 있었다. 그런데 흥미로운 점은 이때 이후부터 시장 상인들이나 자영업자, 심지어는 쌀농사를 짓는 농부로 부터도 '경기가 너무 안 좋다' '장사가 너무 안 된다'는 말을 30년이 지난 지금까지 듣고 있다.

대한민국 국민 1인당 GDP는 3만4983.7 달러(2021년 기준)다. 1인당 국민소득 3만 달러 이상, 인구 5000만 명 이상 조건을 만족하는 이른바 '30-50 클럽'에 가입된 국가는 일본(1992), 미국(1996), 영국(2004), 독일(2004), 프랑스(2004), 이탈리아(2005), 한국(2019) 등 7개국에 불과하다. 그만큼 세계에서 보면 대한민국은 잘 사는 나라다.

그런데 중산층을 포함한 다수의 국민들은 30년 이상 생계에 어려움을 겪고 있다고 말한다. 경제 발전은 지속되고 있고, 대한민국의 경제 위상은 이제 세계 10위를 다투는 선진국이 됐지만 실제로 시장에서 장사를 하는 중산층과 서민의 경제 사정은 갈수록 나빠지고 있다.

일반적으로 장사를 하려고 가게를 열 때는 상당 금액을 대출을 받아 가게를 연다. 그런데 소비자가 지갑을 열지 않으니 상당수가 1년이 채 안 돼 이자를 감당하지 못하고 문을 닫고 있다. 열심히 한다고 해서 이러한 구조적 불황을 타개할 뚜렷한 방법은 없다. 도심 번화가의 가게도 마찬가지다.

그렇다면 이런 중산층의 하소연은 어떻게 해석해야 할까. 소득이 올라도 물가상승과 자녀 교육비 등 고정 지출이 늘어 실질적으로 쓸 수 있는 돈이 줄었다거나, 부의 집중현상이 강화됐다거나, 제조업이 해외로 빠져나갔다거나, 사회적 불평등 등을 얘기하는 사람들이 많다.

과거 중세시대에는 핏줄로 신분이 정해졌지만 현대 사회에서는 누구나 개인의 노력과 능력에 따라 보상 받고, 계층 간 이동도 가능해졌다지만 '노력과 능력'도 각자 주어진 환경에 따라 다르다. 따라서 중산층의 하소연은 심각한 경제적 양극화를 의미한다. 양극화는 단순히 경제적 문제뿐 아니라 다양한 사회적 문제를 야기한다.

결국은 질 좋은 일자리 창출과 저소득가구 구성원의 취업, 가구 내 부양자 국가 부양 등 우리 경제의 허리(중산층)를 강화하는 정책이 반드시 필요하다. 또한 고령층의 정년 연장이나 일가정 양립 지원의 내실화, 취학자녀의 돌봄 공백 지원 등 다양한 사회적 서비스도 강구되어야 한다. 무엇보다 자녀 학원비 지출이 많을수록 가처분소득은 떨어진다. 공교육 내실화나 사교육비 경감 같은 구체적인 교육개혁도 수반되어야 '30년 경기 불황'을 하소연하는 사람들이 줄어들 것이다. 지금부터라도 시작해야 한다.

③ G2시대 우리의 생존전략

우리나라 역사를 살펴보면 신라, 고구려, 백제 삼국시대를 끝내기 위해 신라가 백제를 침공하고, 다시 당나라를 우리 땅에서 물리친 676년의 위대한 기벌포 전투 이후에도 크고 작은 외세의 침략이 끊이지 않았다. 1010년 거란의 2차 침공, 1592년의 임진왜란, 1637년 병자호란, 1910년부터의 일본침략시기, 1950년의 6 · 25전쟁, 그리고 미국과 소련 냉전을 거쳐 아직까지 분단국가로 남아 있다. 그리고 아직까지 전쟁의 끝이 아닌 휴전 상태에 남아 있다.

6 · 25전쟁이후 70여 년이 지났지만, 아직까지 우리나라는 헌법상 대한민국 국가의 영토와 가장 중요한 국가 주권을 회복하지 못하고 있다. 일제 강점기의 잘못된 일들에 대해서는 반성과 교훈을 얻어 다시는 그런 일이 발생하지 않도록 하는 것이 중요하겠지만, 우리는 그 이후 소련과 미국, 그리고 중국이라는 큰 세력들이 만들어 놓은 냉전의 심각한 후유증에서도 아직 벗어나지 못하고 있는 현실에 대해서는 말을 하지 않는다.

게다가 지금은 미국과 중국 'G2 시대'이고, 그 가운데에 낀 우리의 생존 또한 깊은 성찰과 반성의 토대 위에서 검토해야 한다. 급변하는 세계정세에서 우리나라의 자주권과 국익을 위해 강대국들을 상대로 한 적극적인 외교를 통해 우리가 살 길을 우리 스스로 찾아야 한다.

④ 음식물 쓰레기와 북한 아사자들

북한은 1994년 김일성의 사망으로 인한 내부 충격과 연이어 닥친 대홍수 등 자연재해로 인해 식량위기가 발생했고, 에너지와 외화부족 같은 심각한 경제위기도 뒤따랐다. 2000년까지 대략 300만 명이 사망한 것으로 보인다. 대한민국이 경제 대국이고 국제사회의 위상이 이렇게 높은데, 헌법상 우리 영토인 북한의 아이들과 주민들이 굶어죽는 걸 돌보지 않은 것을 안타깝게 생각한다. 나는 일부 586세대 운동권처럼 북한을 추앙하거나 연방제를 찬성하는 사람은 아니다. 이는 우리의 헌법정신을 파괴하는 일인 만큼 이를 반대하는 사람이다.

그러나 종북이든 적극적인 주사파든, 보수 정권, 진보 정권 가릴 것 없이 북한에 최소 50만 명이 1년간 먹을 수 있는 쌀과 의약품조차 보내지 못했다. 더욱이 대한민국에서 매일 버려지는 음식물 쓰레기량은 4만4755톤이다(환경부, 2022).

북한 주민들이 이해를 하지 못하는 단어는 바로 음식 쓰레기일 것이다. 어떻게 음식이 쓰레기가 되고 있을까! 우리의 버려지는 음식물 쓰레기를 10%만 절약해도 밥을 먹지 못해 굶고 고통 받는 우리의 이웃과 북한 주민들을 구할 수 있었다.

식량을 구하지 못해 살 수 없어 북한을 탈출해서 대한민국으로 거주를 옮긴 탈북민의 숫자도 2020년 기준 2만7000명에 이른다. 어떤 자료에 의하면 북한을 탈출해 중국에 거주하고 있는 탈북 여성만 8만 명에 이르고 있다고 한다. 이들은 중국에 불법적으로 거주하고 있으니 이들의 생활이 보장될 리 없고, 차마 말로 할 수 없을 정도의 비참한 환경에서 살고 있다고 한다. 지난 30여 년 동안 300만 명의 아사자와 비참한 환경에서 생존할 수밖에 없는 50만 명 이상의 아이들과 여성, 노약자에 대해서는 지금이라도 전향적으로 그들을 도울 수 있는 방법을 연구해야 한다. 북한 정권의 지도자들은 비판을 받더라도 주민들은 무슨 죄가 있을까.

일벌백계(一罰百戒)

一 : 한 일, 罰 : 벌줄 벌, 百 : 일백 백, 戒 : 경계할 계

한 사람을 벌줌으로써 만인에게 경계가 되도록 한다는 뜻.

언제부터인지 사건·사고 이후에는 항상 일벌백계하겠다는 다짐이 뒤따르더니 이제는 씁쓸하게도 너무나 익숙한 용어가 되어 버렸다. 그런데 정확한 뜻을 이해하고 있었을까? 사실 '일망타진'처럼 폐단을 모두 뿌리 뽑겠다는 의미로 이해하는 경우도 많다. 말 그대로, 한 사람 또는 한 가지 죄과를 벌을 줌으로써 100가지 경각심을 불러일으킨다는 나비효과를 말한다.

'손자병법'이라는 병법서의 저자로 유명한 중국 제나라의 손자가 오나라의 합려왕을 만났다. 손자의 현장 지휘능력을 검사해 보려는 오나라 왕은 실제로 군을 지휘해보라며 궁녀 180명을 손자에게 보내주었다. 손자는 여느 군인들처럼 지휘관으로 왕이 총애하는 애첩 둘을 뽑고 훈련을 지휘했다. 그러나 궁녀들이 이런 생소한 상황에 적응할 리가 없었다. 키득키득 웃으며 장난스럽게

임하자 그 책임을 물어 지휘관인 애첩의 목을 그 자리에서 베어버렸다. 순식간에 벌어진 광경에 아연실색한 궁녀들은 이후에는 여느 훈련병들처럼 일사불란하게 움직이고 훈련에 임할 수 있었다.

이 광경을 보며 다른 궁녀들의 희생을 염려한 왕이 훈련을 말렸으나 손자는 과감하게도 '왕은 병서에는 능하나 병서를 적용하기에는 서툰 것 같다'는 피력하며 훈련을 강행하였다. 이 일로 오나라 왕 합려는 손자를 등용하였고, 오나라는 변방의 주변국이 아니라 각 나라들을 위협하는 대국으로 성장할 수 있었다.

이후 일벌백계는 오랫동안 시대를 거치며 지휘통솔방법으로 적용되었으나, 가장 중요한 것은 일벌백계를 한 이후의 방안을 어떻게 가지고 가느냐가 중요한 덕목이다. 그렇게 무리수를 두지 않으며 세상을 보는 능력이 반드시 함께 이행되어야 한다.

5.
어느 날 신문을 보다가 든 斷想

- 국가는, 국익은 무엇인가 -

① 중국과 대만, 한반도

대한민국은 지리적으로 반도에 위치하고 있어 대륙과 해양 세력이 충돌하는 곳이다. 그러나 지금은 1990년 미국과 소련의 냉전이 다른 방식으로 끝나면서 전혀 다른 정치적, 지정학적인 문제가 발생하고 있다. 1990년 소비에트연방이 붕괴돼 러시아만 남게 되고, 미국은 중국을 자유 서방국가의 생산 공장으로 만들어 미국과 서방 국가의 경제적 이익을 추구하기 시작하였다. 그리고 이러한 냉전이 와해된 뒤의 국제 정세의 변화는 우리 대한민국에게는 대통령 선거의 직선제, 그리고 새로운 민주화라는 변화를 주게 되었다. 그러나 그 격변기의 과정에서도 우리는 과거 냉전의 산물이었던 분단국가의 통일과 발전이라는, 우리 민족과 국가의 절대 절명의 과제를 해결하지 못하였다. 그리하여 아직까지 대한민국은 북한의 오래고도 끈질긴 정치공작에서 벗어나질 못하고 있다.

대통령 직선제와 민주화 과정에서 일부 종북 세력들은 진보라는 이름으로 위장하였고, 북한의 주체사상을 지향하기 시작하였다. 그리고 다시 일부 세력들은 주변 강대국에 기대는 세력으로 바뀌기 시작했다. 여기에 다시 진보와 보수, 그리고 다시 미국과 중국 양대 강국을 추종하는 그룹으로 나누어지기 시작했다. 우리나라 대한민국을 가장 중요하게 생각하고 우리의 주권을 완벽히 회복하자고 외치는 자주의 목소리는 잘 들리지 않는다.

큰 세력들 사이에 존재하는 작은 세력들은 생존 그 자체가 힘들고 어렵다. 미국 중국 러시아 그리고 일본이라는 강대국 사이에 있는 대한민국도 그러하다. 과거 미국 대통령 빌 클린턴이 중국을 미국의 가장 가까운 우방 국가라며 중국에 대한 지원을 대폭 확대하기도 했다. 마치 공산주의 국가가 아니라는 식으로 말하기도 했다. 그러나 이제는 미국과 중국의 관계가 악화되어 중국을 둘러싸고 있는 바다에서 미국과 중국의 전투기와 전함의 무력시위가 연일 계속 되고 있다. 중국 공산당은 2025년까지 대만을 중국이 공격하여 통일시키겠다고 천명하고 있다.

중국 공산당이 대만을 공격하여 중국 본토에 편입시키겠다는 것을 모르는 사람은 없을 것이다. 그러나 이것이 우리나라에 얼마나 위험하고 극적인 사태 변화를 가지고 올 것인지를 예측 하는 사람들은 많이 없어 보인다. 그냥 먼 나라 얘기라고 생각할 수도 있다. 그러나 조금만 더 생각해 보면 중국은 1당 독재 체제다. 1949년 공산당이 중국 본토를 차지하고 난 후 70년 이상 포기하지 않고 계속된 정책이다. 70년 동안 정책은 하나다. 중국 공산당은 대만을 흡수하겠다는 정책을 절대 포기하지 않을 것이다. 정책을 포기하는 순간 중국 공산당을 부정하는 것이 되기 때문이다. 공산당을 부정하는 순간 공산당이 중국을 지배하는 것을 포기해야한다.

중국이 대만을 침략하는 전쟁에 대해 미국의 싱크탱크에서 여러 차례 시뮬레이션을 한 결과는 중국과 대만의 막대한 인명과 물자 손실은 당연한 것이고 우리나라와 일본의 피해도 막대한 것으로 나타나고 있다. 1941년 12월 일본이 미국 진주만을 공격하여 시작된 태평양 전쟁의 시작이 그 당시 미리 예견되었듯이, 지금 중국의 대만 침략 전쟁은 명약관화하다. 이러한 막대한 인명과 물자의 손실이 너무나 당연한데 우리는 내부적으로 비난을 그치지 않고 있고 비난에서 혐오와 증오로 까지 확산시키고 있다. 이제는 혐오와 증오를 넘어선 우리 사회의 심각한 갈등의 악순환을 중지해야 한다.

② 국내 인력과 자본 유출

초중등 의무교육과 취학 전 아동 교육비, 입학 장려금 등 국가가 지급하는 교육 관련 비용은 엄청나다. 더욱이 우리나라는 자녀에 대한 교육열이 높아 부모의 수입 중 상당 부분을 자녀의 학원비 등에 지출하지 않나. 이렇게 계산하면 우리와 비슷한 프랑스나 영국의 1인당 교육비의 2~ 3배가 된다. 이렇게 많은 시간과 비용을 들여 개인의 교육에 국가와 가정이 노력하는 나라는 우리나라 이외에는 없을 거 같다.

공적인 교육의 목표는 원만한 인격과 지식 습득 능력을 갖춘 사람을 양성하는데 있다고 해도 과언이 아니다. 그러나 이렇게 많은 비용과 시간을 들여 고등학교 재학까지의 시간을 보내면서 새로운 문제가 발생한다. 한마디로 일류 대학에 진학해야 한다는 것을 모든 고등학생에게 강요한다는 것이다. 일류 대학 인기 학과에 입학해야 세상에서 생존할 수 있다고 강요하는 사회는 잘못된 것이다. 모든 대한민국 국민에게 상위 1%가 되어야 잘 살수 있다고 가르치다 보니 학생들의 사고방식과 행동에도 큰 영향을 주었다. 성적이 우수하지 않아도, 일류 대학을 나오지 않아도 괜찮다. 삶은 스스로 선택하고 노력하여 이룰 수 있는 것들은 무궁무진 한데 이것을 가르치지 않는다.

외국이 아닌 국내에서 학생들의 영어 실력을 측정하고 평가하는데 정부나 국내 학계에서 만든 영어 시험 문제가 활용되지 않는다. 미국 개인 회사의 시험 문제를 활용해서 학생들과 일반인들의 영어 실력을 측정한다. 우리나라에도 역사와 전통을 자랑하는 고등교육기관이 분명히 존재하는데, 우리나라에서는 이를 사용하지 않는다. 나는 이를 대학 입학 수학능력 시험을 외국 기관에 맡기는 것과 마찬가지라 생각한다. 해마다 엄청난 금액의 외화가 학생들과 일반인들이 영어 시험을 치는데 사용되고 있는 것이다.

고속도로와 다리를 건설하고, 터널을 개통시키는 등 사회 인프라를 구축하는데도 외국 회사의 자본을 끌어 쓴다. 빌린 돈은 이 인프라를 사용하는 국민들이 이용료로 외국 기업에 납부하고 있다. 국가가 자본과 기술이 부족하다면 당장 급한 인프라 구축을 위해 외국의 자본에 의존할 수밖에 없지만, 지금의 우리나라는 국가의 기간망인 인프라를 구축하는데 외국의 자본과 기술에 의존할 필요가 없다. 그럼에도 우리는 해마다 막대한 금액을 외국의 자본에 지출하고 있다. 이제는 우리 스스로 과거의 일들에 대해 엄격히 돌아보아야 할 때이다.

③ 대한민국의 좌경화

공학박사 학위를 받은 후 프랑스 리모주 대학 물리학과에서 박사 후 과정 공부를 하였다. 매주 수요일 오후 2시만 되면 리모주 시내가 떠들썩하게 사이렌이 울렸다. 어디서 큰 불이 났는가 생각될 정도로 크게 울렸는데, 프랑스 교수님께 물으니, 특별한 일은 없고 매주 이 사이렌을 울리면서 시스템을 테스트한다는 것이었다.

그것도 시내 중심가만 사이렌이 울리는 것이 아니고, 학교와 병원 아파트 등 시내에서 이 사이렌 소리를 들을 수 있다. 리모주는 대도시도 아니고 프랑스 남부의 조용한 도시인데, 전체 지역에 매주 같은 시간에 사이렌을 울리면서 비상 시스템을 테스트한다. 개인의 권리와 자유를 소중하게 여기는 프랑스인들이 매주 수요일 울리는 사이렌 소리를 달가워하지 않을 텐데 그렇지도 않다. 앞으로 다가올 위험에 대해 장담할 수 없기에 그들은 그렇게 매주 사이렌을 테스트하였다.

문재인 정부에서는 민방위 훈련을 하지 않다가 윤석열 정부 들어 8년 만에 민방위 훈련을 하였다. 민방위 훈련은 전시, 사변, 비상사태 등 재난에 대비하기 위해 하는 대피 훈련인데, 이것을 왜 하냐고 비난하는 사람들을 보았다. 어떤 사람들은 훈련을 하게 되면 도로의 차들은 길가로 정차 해야 하니 불편하다고 하고, 방송 소리가 짜증난다고도 한다. 해마다 여름이면 여러차례 태풍 피해를 보고 있는 현실을 감안해도 그런 말이 나오는지 나는 잘 모르겠다. 미리 대비하는 훈련을 하지 않고 어떻게 비상사태를 대비할 수 있다는 말인가. 재난과 비상사태를 미리 대비하고 준비하는 것은 그 일이 발생 한 후의 피해를 줄일 수 있는 가장 효과적이고 확실한 방법이다. 재난이 언제 온다고 미리 예고하는가.

우리가 지금 누리고 있는 안전과 평화는 당연히 그냥 주어진 것이 아니다. 태풍으로 파도가 거세어 해안가 어선들과 상가, 주택이 파도에 부서지는 것을 나는 직접 보았다. 바람이 거세어 자동차가 종잇장처럼 날리는 것도 보았다. 갑자기 늘어난 강수로 차안에 있다가 차가 물에 잠기고, 자동차의 시동이 꺼져 오도 가도 못하게 된 일도 있었다. 하물며 자연적인 재해가 이 정도인데 사람이 만든 비상사태와 전시에는 어떻게 대비하고 피해를 최소화할 것인가!

확실한 것은 우리나라의 안전과 평화를 우리 이외의 사람들은 신경 쓰지도 않는다는 것이다. 이른바 자칭 진보라는 사람들은 민방위 훈련도 할 필요가 없다고 한다. 그러면서 필요없는 훈련이라고 한다. 그러나 바로 민방위 훈련과 예비군 훈련 같은 대비와 준비가 오늘날 우리 국가의 안전과 평화에 기여한 것을 부정할 수는 없다.

나는 보수와 진보로 정치 성향을 나누는 것에 찬성하지 않고 그것이 맞는다고 생각하지도 않는다. 그러나 오늘날 우리 사회와 정치의 상황을 살펴보면 마치 베트남이 공산화되기 전의 분열이나 혼란 상황과 유사하다. 북쪽의 월맹이 남쪽 사이공을 무력으로 함락시킨 날 30만 명 이상이 체포돼 사형을 당했다. 이들은 바로 월맹에 협조하던 월남 정부의 이중 스파이가 대부분이었다. 그리고 1980년대 공산 독재 정부가 외부 세계에 개방하기 전까지 200만 명 이상의 정치범을 수용소에 가두었다.

우리는 냉전의 결과로 인한 남북한 단절과 전쟁을 겪었다. 이 전쟁은 아직까지 끝나지 않은 상태다. 그런데 이제는 새로운 미국과 중국의 충돌로 인해 지난 과거 보다 더 비극적인 상황이 일어 날수도 있다는 현실을 제대로 보지 않고 있다. 우리를 둘러싸고 있는 국제적인 상황이 이렇게 심각한데 우리 자신은 어떠한가. 그야말로 내분과 갈등의 연속이다. 사회의 이슈를 비판하는 것은 너무나 당연하다.

그러나 비난하고 비판하는 것으로 끝이 난다. 또 이것을 정권의 심판까지 연결시켜 현 정권을 비난하고 있다. 다양한 의견과 비판, 비난은 소중하고 장려되어야 하나 소위 사회 지도층의 말들을 들어 보면 더 좋은 결과를 만들어 내기 위한 비난과 비판이 아니라 바로 비난을 위한 비난에 그치고 있다. 이것은 혼란과 분열이다. 비난을 하는 그 많은 사람들 중에 비난에 그치지 않고 더 나은 대안을 제시하는 사람을 한 번도 본적이 없다. 이것은 에너지 소모이자 국력 낭비다. 우리가 서로 물어뜯고 바지를 내리는 품격 없는 비난과 비판을 할 때 우리의 잠재적인 경쟁자들과 적들은 우리의 현재 상황을 예의 주시하고 있다는 것을 잊지 말아야 한다.

우리나라 자살율은 OECD 38개국 중 1위로 39분마다 1명이 스스로 목숨을 끊고 있다. 이유여하를 막론하고 자살은 본인도 그렇지만 이를 접하는 남은 이들에게도 큰 상처를 남긴다. 더구나 청소년 자살률도 가파르게 상승하고 있다. 생명체의 절대적인 존엄성과 가치를 믿는 의미에서 내 아이들은 매달 용돈을 관련 단체 기부금으로 내게 한다. 나와 우리의 생명을 가장 소중하게 여기는 세계관에서 모든 이치가 출발한다고 믿는다.

-동유럽의 어느 성당에서-

우공이산(愚公移山)

愚 : 어리석을 우, 公 : 공평할 공, 移 : 옮길 이/ 크게 할 치, 山 : 뫼 산

남의 눈엔 어리석은 일 같지만 한 가지 일을 끝까지 밀고 나가면 언젠가는 목표한 바를 이룰 수 있음.

결은 다르지만 '이기는 자가 승자가 아니라 끝까지 살아남은 자가 이기는 것이다'와 같은 맥락으로 보면 된다. 중국 고전 열자(列子) '탕문편'에 나오는 일화에서 유래한다.

옛날 중국 북산에는 아흔 살의 우공(愚公, 어리석은 사람)이라는 사람이 있었다. 우공의 집은 너비는 칠백리요, 높이 만길이나 되는 태행산과 왕옥산이 '턱'하니 버티고 있어 왕래가 여간 불편한 것이 아니었다. 참다못한 우공은 가족 모두 힘을 합쳐 산을 파 길을 만들자고 제안한다. 허나 아내는 무엇으로 어떻게 땅을 팔 것인지, 또 파낸 흙을 어디로 옮기겠냐며 극구 반대했다.

우공은 뜻을 굽히지 않고 묵묵히 자신의 계획을 실행에 옮겼다.

돌을 깨서 머나먼 발해까지 옮기는 데만 꼬박 1년이 걸렸다. 이런 모습은 주변의 비웃음만 살 뿐이었다. 허나 산신령은 주변의 비아냥거림에도 굴하지 않고 목표한 바를 이루는 그의 저력에 겁을 먹었다. 그가 못하면 그의 아들이, 손자가 계속 할 것으로 생각해 하늘에 산을 지켜달라고 빌었고, 우공의 끈기에 탄복한 신이 태행산과 왕옥산을 옮겼다는 이야기다.

아흔 살 노인이 북산에서 발해까지…. 믿기 힘들지만 이 한자성어가 그동안 얼마나 많은 이들에게 힘을 주었을까 생각하면 힘이 생긴다. 지금 대한민국의 미래도 우공이산의 마음으로 꾸준히 밀고 나가기를 바라는 마음이다.

6.
대한민국의 미래를 생각하면 떠오르는 5가지 문제

- 식량, 에너지, 국방, 교육, 공동체 -

① 식량 문제

지금은 대한민국을 건국한다는 다짐으로 온 국민이 힘을 모아야 할 때라고 생각한다. 과거에 잘못된 일들에서 얻은 교훈을 가슴에 새기고 국가 정책에 반영하여야 한다. 그동안 우리가 반드시 해야 하는 일들 중에 하지 못한 것들을 이번에는 꼭 완성하여야 한다. 어쩌면 우리는 주권국가의 국민으로서 살아가면서도 우리가 반드시 해결해야할 문제를 망각하고 살아온 지도 모른다.

나는 우리가 가장 시급히 해결해야할 문제는 식량 문제라고 본다. 불과 수 십 년 전까지 우리는 밥을 먹지 못할 정도로 가난한 시절을 보냈다. 그 시절 논 한 마지기(한 말의 씨앗을 뿌릴 만한 논으로 면적은 대략 300평)에서 수확한 쌀의 양은 지금의 1/10 수준이었다. 생산성이 낮았다. 생산성이 낮은 것이 가난과 굶주림의 원인이라 모두가 인정을 하였기에 그동안 우리는 쌀의 품종 개량과 농법을 연구 개발했고, 그 성과는 대단한 것이었다. 지금 현재 우리 대한민국의 단위 면적당 쌀 생산량은 1년에 2모작 3모작하는 국가들과 비교해도 세계 최고 수준이다.

그러나 안타깝게도 농민이 쌀농사를 지어 생업을 유지하기는 어려워 점점 농사를 짓는 면적이 줄어들고 있다. 우리나라의 현재 식량 자급률은 30%정도에 그치고 있다. 물론 외국과의 무역으로 가격이 크게 비싸지 않은 다양한 농수산품들을 수입할 수 있기에 식량 자급률에 크게 신경을 쓰지 않은 점도 있으나, 앞으로는 아무리 외화가 충분하다고 하더라도 식량을 수입하는 것이 과거처럼 쉽지 않을 것이다. 중국 본토는 지금 대도시와 중소도시에서도 곡물과 채소 등을 심을 땅을 확보하고 있다. 시내의 공원에 심겨져 있는 나무를 베어내고 옥수수라도 심을 땅을 확보하고 있다. 놀랍게도 중국의 식량 자급률은 80%이다. 그런데도 굳이 도시에 곡물과 식량 재배 면적을 늘리고 있다. 이것은 앞으로 다가올 미래를 대비한 것이다.

러시아가 우크라이나를 침략하면서 서방 국가들은 러시아를 향해 각종 경제 제재를 단행했다. 이런 경제 제재를 서방 국가들이 중국에 가한다면 제재를 가한지 1년 만에 약 5억 명 이상이 아사(餓死)할 것으로 예측된다고 한다. 즉, 식량 자급률이 80%인 국가에 무역 통로를 통제 하고, 수입과 수출 품목을 제재하는 등의 경제 제재만으로 이런 결과가 예상된다는 것이다. 그렇다면 식량 자급률 30%인 우리나라는 어떨까. 앞으로는 달러를 주고도 식량을 수입 할 수 없는 상황이 온다는 것을 전제로 대비해야 한다. 식량을 대신할 자원은 아무것도 없다는 것을 명심하고 식량 문제에 접근해야 한다.

② 에너지 문제

두 번째는 에너지 문제다. 채산성이 떨어져 현재 채굴하지 않는 석탄은 그렇다고 쳐도 석유는 한번 생각해봐야 한다. 우리나라는 이탈리아와 함께 석유의 75% 이상을 수입에 의존하는 나라다. 국제유가가 배럴당 100달러에 도달하면 가장 큰 타격을 입는 나라 중 하나다. 석유 수입 의존도가 높은 만큼 원유 감산에 따른 가격 상승 부담이 크게 다가올 수밖에 없다.

CNBC 방송은 2023년 4월 6일(현지시간) 글로벌 컨설팅업체의 전문가 말을 통해 "수입의존도 자체가 높은 동남아시아의 신흥시장과 일본 · 한국 등 중공업 부문에서 전적으로 수입에 의존하고 있는 나라들이 유가 인상에 우선적으로 타격을 받을 것"이라고 보도했다.

유럽 에너지 시장조사업체인 '에너데이터'에 따르면, 한국은 이탈리아와 함께 석유의 75% 이상을 수입에 의존하고 있는 나라로 분류된다. 일본도 마찬가지다. 국제에너지기구(IEA)는 "중동 지역에 대한 일본의 원유 수입 의존도는 80~90%"라고 밝힌 바 있다.

우리나라 모든 기업이 전세계에 상품을 수출해 벌어들이는 돈은 국민들이 살아가는데 필수적인 식량과 에너지를 수입하는데 쓰이고 있다. 석탄과 석유 그리고 액화천연가스 등의 에너지를 수입하는데 해마다 막대한 금액이 소요된다. 이러한 에너지는 천연 자원 상태로 수입되고 다시 그 중 상당량이 전기를 생산하는데 사용된다. 현대 사회의 모든 제품들이 전기를 사용 하는 것은 너무나 당연하다.

지하철도 전기를 사용해 움직이고, 강에서 물을 끌어와 각 가정에 상수도를 공급하는 데에도 전기가 사용된다. 아파트에 전기가 들어오지 않으면 승강기가 멈추고 수돗물은 나오지 않게 된다. 전기 없는 세상은 상상 할 수조차 없다. 온 세상이 암흑천지가 된다.

그러나 이처럼 필수불가결한 전기는 극히 일부의 신재생에너지를 제외하고는 모두 수입한다는 것을 우리는 알아야 한다. 국가의 기반 시설 중의 가장 핵심인 전기와 전력 공급망 등을 제대로 유지하고 보수하는 것을 그동안 너무나 등한시하였다. 해외에서 수입하는 에너지의 가격 추세를 면밀히 관찰하여 에너지 수입 가격이 낮을 때 미리 모아둔 자금으로 전력 공급망 등의 기반 시설 보수와 확충에 힘써야 하는데 전혀 이런 일들을 하지 않았다.

그런데도 회사와 단체들의 전력 단가 조정 등의 정책 실패로 현재 한국전력의 총부채는 200 조 원에 육박한다. 이 금액은 현재 회계상의 적자 금액을 표시하고 있다. 적자 규모도 천문학적이지만, 이 금액은 우리의 노후 발전소와 가정과 기업으로 전기를 전달하는 전력 공급망, 제반 시설 등의 유지와 보수에 절대적으로 필요한 금액들은 계산에 넣지 않은 적자 규모다. 이대로 둔다면 적자를 감당할 이자조차 지불하기 어려운 시기가 도래 할 것이고, 결국 국가의 에너지 시스템일부를 '민영화'라는 이름으로 매각하거나 외국 자본의 돈벌이 수단으로 팔려 나갈 수 있다. 이런 재난 상황을 앞두고도 우리는 이 천문학적 적자와 국가의 필수 기반 시스템이 외국에 팔려 나가는 것을 막을 수 있는 마지막 기회마저 놓치고 있다.

다행히 근래 석유와 천연액화가스 등의 국제 시장 가격의 인상률이 높지 않았다. 낮아진 에너지 원자재 가격으로 우리 국민이 부담해야 하는 에너지 가격이 높지 않을 때 신속하게 구조적인 적자를 해소해야 한다. 이런 어처구니없는 일이 발생 한 것은 정부의 잘못이기도 하지만, 이런 문제들에 대해 적극적인 관심과 적절한 해결안을 제시하지 못한 나를 포함한 전문가들의 책임도 크다. 우리가 이러한 문제를 해결하지 못한다면 남미의 여러 국가들처럼 전기와 수도 등 국가 인프라를 외국 기업이나 자본에 빼앗겨 버리게 될 것이다.

③ 국방문제

식량과 에너지에 이어 우리가 생각해 봐야 할 문제는 국방이다. 국가가 존재하려면 반드시 군사력을 보유해야 하고, 국방은 타국에 의존할 수 없다. 잠재적인 적으로부터의 공격에 대비할 군사력뿐만이 아니라 민간 인력과 물적 자원과는 별개 운영되는 조직과 단체로서의 국방이 필요하다. 물론 평화 시 군대를 유지하는 것은 비용이 많이 드는 일이지만, 유사시를 대비하여 군대를 훈련시키고, 장비를 유지보수하고, 군대를 현대화하는 것은 국가의 생존을 위해 반드시 필요한 일이다.

우크라이나 전쟁이 보여주듯 최근의 국제 정세를 살펴보면 그동안의 평화 무드는 사라지고 막대한 인명 손실과 재산 피해를 가져오는 주변국 사이의 전쟁 위협은 점점 커지고 있다. 미국과 중국 전투기가 대만 앞바다에서 서로 충돌 직전의 무력시위가 계속되고 있는 것은 이제 뉴스거리조차 되지 않을 정도로 일상이 됐다.

④ 교육문제

전통시장에서 물건을 파는 상인이나, 시골에서 농사를 짓는 농부나, 도시에서 직장을 다니는 회사원이나, 가게를 운영하며 상업을 하는 자영업자에 이르기까지 요즘 경기가 너무 나쁘다는 말을 하고 있다. 각종 원자재와 인건비 등 기타 경비는 증가 하고, 삶을 살아가는데 필수적으로 지불해야 하는 비용들은 점점 늘지만 수입은 늘지 않으니 극소수를 제외한 거의 대부분의 사람들의 생활이 고달프다. 기성세대인 성인 가족 구성원들의 삶은 이렇듯 힘듦에도 절약해서 겨우 현재의 삶의 수준을 유지하고 있다. 이렇게 살기 쉽지 않은 형편이지만 우리의 교육열은 대단해서 아이들을 밤 12시까지 학원을 보낸다.

우리 부모님들은 아이들의 학원비로 가구 소득의 상당 부분을 지출한다. 세계적으로 보기 드문 현상이다. 중고교 학생들에게는 매일 체력이 견디는 한계까지 공부를 시키고 학원을 보내면서 1등이 아니면 이 사회에서 도태된다고 가르치고 있다. 무한경쟁, 양육강식, 적자생존 등의 동물의 세계에서나 적용 될 법한 원천적인 강요로 학생들을 공부로 내몰고 있다.

그러나 경험상 이런 경쟁을 통해 학생과 부모가 원하는 대학과 전공으로 진학하는 경우는 많아야 10% 미만일 것이다. 나머지 90% 학생들에게는 심한 좌절감과 인생에서 실패했다는 패배감을 겪게 한다. 채 성인이 되기도 전에 스스로 실패자라는 낙인을 찍어 버리는 것을 우리 사회는 방조하고 있다. 이것은 한 가족과 개인의 비극이 될 뿐만 아니라 건강하고 발전적인 사회를 만드는데 도움이 될 리 없다. 채 스무 살 성인도 되기 전에 패배와 실패를 그렇게 많은 시간과 돈을 들여 겪게 하는 사회가 이 세상 어디에 있다는 말인가. 상위 10%를 위해 나머지 90% 학생과 부모님들의 시간과 돈을 희생시키는 이 악순환을 끊어야 한다.

대신 여기에 들어가는 시간과 자금으로 지금과는 전혀 다른 정책으로 이 사회의 학생과 부모님들을 살릴 수 있다. 지금 대다수 회사의 정년퇴직 나이가 60세인 것은 정년을 마치고 남은 기대 수명이 얼마 남지 않았을 때 법으로 정했기 때문이다.

대학을 졸업하고 군 복무를 마치더라도 채 서른 살이 되지 않는다. 지금의 중고교생들은 앞으로의 기대 수명이 80년 이상 남아 있는데, 그 사이에 다시 공부를 해서 좋은 대학에 진학 할 수도 있고, 또 지금 상위권의 성적이라도 80년 이상 삶의 질이 높게 유지된다는 보장도 없다. 삶은 아직 많이 남아 있다. 그들에게 근시안이 아닌 미래를 바라보고 대비 할 수 있는 용기와 비전을 제시 할 수 있어야 한다.

나는 거의 20년 전에 처음 접한 뒤 풀지 못하다가 최근에야 풀어 본 수학 문제가 있다. 20년 전에는 그 수학 문제가 이해가 되지 않아 한 줄 한 줄 수식 밑에 다음 수식으로 넘어 가는 과정과 의미를 적어 겨우 겨우 문제를 풀 수 있었다. 그 문제를 접한지 20여 년이 지난 지금은 그 수학 문제가 무엇을 풀기 위해 만들어졌는지, 이 문제를 풀기 위해 알아야 하는 공식이 무엇인지, 그리고 푸는 과정과 나오는 답들을 어떻게 해석해야 되는지 이제는 이해가 된다.

수학 문제 한 문제를 푸는 데에도 이렇게 오랜 시간과 공을 들여서 해 나아가는데, 어떻게 고등학교의 성적만을 가지고, 또 어떤 대학 무슨 과를 졸업한 것만 가지고 이 긴 인생을 결정한다는 말인가. 좋은 대학 좋은 과를 졸업 했다고 해서 그 때의 우수함과 탁

월함이 유지되는 것은 아니다. 고교 성적과 진학한 대학이 만족스럽다면 그 좋은 중간 결과를 가지고 더 공부하고 노력하여 본인의 실력을 쌓는 것은 물론, 교양을 쌓은 지식인으로서 원만한 인격을 가진 사회인이 되어야만 사회에서 존경 받고 살 수 있는 기틀을 만들 수 있다. 학문적인 공부와 사람되는 공부는 죽기 직전 까지, 아니 죽는 날까지 이어지는 것이라고 보는 것이 맞다.

⑤ 공동체 문제

우리는 대도시에 직장을 구하고 살아가는 현대 사회가 되기 전에는 모두 다 시골에서 한 마을에 살았다. 농사라는 노동집약적인 일 때문은 아니라도 한 가족, 한 집이라는 커다란 공동체 속에 살았다. 같은 집에 큰아버지, 작은아버지가 같이 살았고, 사촌들도 같이 밥을 먹고 같이 일하는 가족이었다. 여름 농사철에 힘든 일이 많을 때에는 가족이 서로 나서서 논과 밭을 가꾸었고, 가을 추수가 끝난 다음에는 그 수확의 여유와 시간을 같이 나누고 즐겼다. 내 마을이 모두다 나의 집이였고, 마을 사람들은 모두 다 나의 형제자매였다. 내가 어려울 때는 항상 나를 도와주는 아버지와 어머니가 계셨고, 이 분들이 노쇠하면 형과 누나들이 나를 도와줘 살 수 있었다. 그러다 사회가 현대화, 개별화 되고, 시골을 떠나 도시에 살게 되면서 가족의 규모는 아주 작아졌다. 그리고 이런 현상은 점점 심해져 이제는 '1인 가구'가 대세가 됐다. 2022년 1인 가구 비율은 34.5%로 가구수로는 750만 가구를 넘는다. 1인 가구수는 2039년 2387만 가구로 정점을 찍은 뒤 감소하는 것으로 통계청은 내다보고 있다. 지금도 10가구 중 3~4가구가 1인 가구인 나라가 됐다.

사회 변화에 따른 1인 가구수 증가를 누가 탓하겠는가. 다만 밥을 먹고 일을 하고 돈을 벌고 소비하는 모든 행동들이 사회를 구성하고 존재하게 만드는 것들인데, 대도시에 살면서부터 나의 정체성 즉, 나는 누구 집의 손자이고 아들인지 모르는 존재가 되어버렸다. 당연히 과거 시골의 마을에서 살 때와는 다르게 나의 존재와 행동의 중요성은 떨어진다. 그래서인지 학생들을 보면 극도의 개인주의 성향을 보이는 이들도 많다.

이제는 '다른 사람 신경 쓰지 않고 나만 잘하면 된다'를 넘어 '내가 이 세상에서 가장 중요한 사람이니 이 세상은 모두 날 위해 존재해야 한다'고 생각하는 사람들도 많은 거 같다. 그러나 서양의 개인주의는 현대 사회 성립 전 근대 사회의 법치에서부터 비롯되었고, 우리의 개인주의는 이러한 서양의 개인주의 발달 과정을 건너뛰어서 개인주의가 아닌 이기주의가 되어버린 거 같아 무척 아쉽다.

서양의 개인주의는 우리나라와는 다르다. 서양인들에게는 '우리나라'처럼 '우리'의 개념은 찾아보기 어렵다. 우리가 아무 생각 없이 말하는 '우리 엄마' '우리 아내' 라는 말을 영어로 번역해서 말하면 서양인들은 깜짝 놀라 말뜻을 이해 할 수 없을 것이다. '우리'라는 단어는 그만큼 오랫동안 내려온 아름다운 공동체에서 나온 생활방식이다. 나, 너, 우리는 나와 너의 차이가 없는 '우리'라는 공동체에서 나온 사회화 의식에서 나온 단어임을 깨달아야 한다. 이것은 동양 뿐 아니라 전세계에서도 우리나라가 유일하다고 본다. 같이 밥을 먹고 일하고 생활하는 우리는 하나임을 명심해야 한다.

나와 너를 분별 하지 않는 '우리'라는 개념과 의식으로 뭉친다면 우리나라는 전세계의 아름다운 마음과 고귀한 인격으로 위대한 나라와 문명을 재창조 할 수 있을 것이라고 믿는다.

마부위침(磨斧爲針)

磨 : 갈 마, 斧 :도끼 부, 爲 : 만들 위, 針 : 바늘 침

도끼를 갈아 침을 만듦. 아무리 이루기 힘든 일이라도
노력과 인내를 하면 뭐든지 이룰 수 있음.

쇠로 된 도끼가 침으로 바뀌려면 얼마만큼의 시간과 땀이 필요할까. 시선(詩仙)이라 불릴 정도로 중국 최고의 시인으로 손꼽히는 이백(701~762)이 이야기의 주인공이다. 20대 혈기왕성한 이백은 산에서 수양하던 중 이쯤이면 충분하다고 생각해 하산했다. 산에서 내려와 집으로 가는 길에 한 노인이 냇가에서 도끼를 바위에 갈고 있는 모습을 목격한다. 도무지 노인의 행동을 이해하지 못한 이백은 뭐하는지 물었고, 노인은 도끼를 갈아 바늘로 만들려한다고 답한다. 뜻밖에 대답에 깜짝 놀란 이백은 그게 어떻게 가능하냐고 물었다. 노인은 "중도에 그만두지만 않으면 된다"고 답했다. 이후 이백은 생각과 의지가 흐트러질 때면 항상 노인을 떠올리며 마음을 다잡았다고 한다. 도끼를 바늘로 만든다고 하는 데, 우리가 못할 것이 뭐가 있겠나.

7.
대한민국이 나아갈 길

- '우리'라는 생각과 우리의 미래 -

정직해야 한다. 솔직해야 한다. 그래야 나의 지금을 알고 반성하고 다시 내가 저지른 실수를 하지 않는다.

내가 붓글씨를 배울 때였다. 붓글씨를 가르쳐 주시는 선생님께서는 인격이 높고 인자하신 분이셨다. 단 한 가지, 내가 잘못할 때면 추상같은 호령이 떨어지곤 했다. 그것은 바로 내가 붓으로 쓴 글씨에 덧칠을 할 때였다. 글씨를 쓰다보면 '아 조금만 고치면 좋겠다'는 생각에 붓으로 살짝 칠을 할 때가 있고, 먹을 갈아 글씨를 쓰니 사실 덧칠을 했는지 아니면 한 획에 썼는지는 분간하기 어렵다. 그래서 내가 쓴 글씨를 더 좋게 보이게 하려고 붓을 살짝 대어 나름 고칠 때가 있다. 그런데 내가 이럴 때면 선생님께서는 "권군! 글씨는 한 번에 쓰는 것이고 절대로 덧칠을 해서 고치는 법이 아니네"라고 말씀하셨다. 평소와는 다르게 불호령이 떨어졌다. 한 번 잘못 쓴 글자는 처음부터 새 종이에 쓰거나 아니면 고치지 말고 그대로 두란 말씀이셨다. 오랜 세월이 지났지만 아직도 선생님의 말씀이 생각난다.

정부가 발표한 청년 실업률을 보면 어떻게 그런 낮은 수치가 나오는지 이해하기 어렵다. 대만의 청년 실업률은 11.75%이다. 우리나라는 채 6%가 되지 않는다. 현재 청년들이 카페나 식당 등 월 30시간 이상 아르바이트를 하는 사람은 모두 4대 보험에 가입하게 하고 있다. 약 10년 전에 바뀐 법적 의무 사항이다. 한 달에 30시간, 하루에 1시간만 아르바이트를 하여도 이들은 실업자가 아니라 취업자로 분류 된다. 청년 실업률이 국가의 최대 관심사 중 하나이니 정부가 실업률을 낮추고 싶은 것은 이해가 되지만, 이렇게까지 해도 되는지 걱정이다.

기업은 일할 사람이 없다고 하고, 대학을 졸업한 학생들은 직장을 구하기 어렵다고 한다. 구인난과 취업난을 동시에 겪고 있는 것이다. 수요와 공급의 균형이 이렇게 맞지 않는 것도 드물 것이다.

나는 학교에서 학생들의 취업 선호 경향을 30여 년 지켜보았다. 기업들은 어떻게든 돈을 적게 주고 고용하려 하고, 학생들은 어떻게든 돈을 많이 받는 기업에 취직하기를 원한다. 양 쪽의 바람이 이렇게 다르니 당연히 문제가 생긴다. 사회와 국가가 건강하고 성숙하려면 취업을 원하는 사람들의 대부분이 채용되어 월급을 받는 취업 상태에 있어야 한다. 학구적인 논문이나 다른 통계 데이터가 아니더라도, 젊은이들의 고용 상태가 얼마나 중요한지는 말할 것도 없다. 만약 대만의 정책을 우리가 도입한다면 대졸 구직자의 거의 모든 인원을 취업하게 하고 대신 월급을 조금 낮추어 지급하는 것이다. 대만의 경우에는 어느 회사 어떤 직종에 취업하더라도 대졸자 신입 사원의 월급여가 원화 가치로 환산해서 130만 원이 넘지 않게 하고 있다. 현재의 우리 시스템은 대졸 신입 사원이 입사한 후 퇴사할 때까지 보통 25년, 300번 월급을 받는 구조이다. 이것을 사회적 대타협을 거쳐 국가가 정년퇴직 나이를 더욱 연장하여 600번까지 받을 수 있게 하는 것도 해결책의 하나라고 생각한다. 더 오래 안정되게 일할 수 있도록 국가와 사회가 만들어 가는 것도 좋은 방법의 하나라고 생각한다.

18세기 영국의 아담 스미스가 '국부론(國富論)'을 발표하면서, 개인이 상업과 경제 활동을 통해 부를 쌓는 것이 결국 국가를 부유하게 하고 발전하게 한다고 주장했다. 이 이론은 19세기 카를 마르크스가 자본론을 통해 강하게 부정하기 전까지 영구불변의 진리처럼 생각되었다. 즉, 서양의 개인주의와 자본주의가 결합되어 개인이 경제 활동을 통해 돈을 버는 것을 사회적으로 장려하였고, 이는 서구 사회의 근간이 되었다. 과거 서구는 경제 활동을 통해 돈을 벌고 부를 축적하는 것을 개인과 국가의 가장 큰 목적으로 여기고, 이를 미덕으로 생각했다. 그러나 반만년 역사의 우리 민족은 좁고 척박한 땅에 생존하면서 우리만의 독특한 문화를 발전시켰다. 그것은 현재 전세계 어떤 사회 경제 논리로도 설명이 불가결한 '우리'라는 문화이다. 좁고 척박한 땅에서 수확되는 농산물의 양은 적었으며 천연자원은 거의 없다. 또한 지정학적인 위치로 인해 외부로 부터의 끊임없는 침략을 당했다. 그럼에도 우리나라가 존재 할 수 있었던 이유는 바로 서구 열강과는 다르게 나만을 위해, 나의 발전과 부의 축적이 아닌 바로 '우리' 라는 마음과 영혼 깊이 새겨진 동질 의식 때문이다.

우리는 이러한 나와 너를 구별 하지 않고 '우리' 라는 깊은 의식이 있는 '우리' 만의 아름다운 정신문화를 되살리고 현대 사회에도 적용하여야 한다. 모두 다 어려운 시기에 살아남는 방법은 힘을 합치는 것이다. 당장 나의 이익이 적더라도 이것이 너의 이익이 된다면 그걸로 족한 것이다. 서양의 강대국들의 사람들은 죽었다가 깨어나도 이해하기 조차 어려운 '우리'라는 뿌리 깊은 동질

의식으로 뭉쳐서 위기를 극복해야 한다.

조선시대의 기록을 살펴보아도 아무리 흉년이 들어도 밥을 먹지 못해 아사(餓死)한 사람이 발생 했다는 기록은 대기근 외에는 그리 많지 않다. 지금 보다 더 먹을 것이 없고 오로지 논과 밭에서 수확되는 식량에 의존했던 당시 상황을 생각해 보면 가히 상상하기 어렵다.

나의 할머니는 시골에서 아침밥을 지을 때 식구 수에 따라 쌀을 퍼고 밥을 짓기 전 그 쌀의 1/10을 따로 보관하셨다. 항상 밥을 지을 때마다 조금씩 쌀이나 보리, 좁쌀을 퍼서 남겨 놓으셨다가 동네 사람들이 우리 집 마당을 빗자루로 쓸고 있으면 할머니는 말없이 당신이 모아둔 쌀과 보리를 주시곤 했다. 할머니 당신이 드시는 것을 줄이고 줄여서 배고픈 사람에게 주셨던 것이다. 아무리 형편이 어려워도 우리가 소모하는 것들 중에서 조금씩만 절약 하면 그것을 모아서 다른 일에 사용 할 수 있다. 우리는 이러한 나와 너를 구별 하지 않고 모두가 같이 살자, 모두가 같이 잘 살아야 한다는 의식이 우리의 뼈와 살에 각인된 민족이다. 생각해보라. 우리가 가장 서운하게 생각하는 말도 "이제 너와 나는 남이야!"가 아닌가. 당연히 남인데도 너와 남이라는 그 말을 들으면 속이 상한다.

이 위대한 정신을 오늘날에 되살려 우리나라가 더 잘 살 수 있는 것에 매진하여야 한다. 지금 보다 잘 살아야 한다. 내가 잘 사는 것도 중요하지만, 남도 잘 살고 우리 모두가 잘 사는 국가와 사회를 만들어야 한다.

우리는 신바람, 흥, 신명이 많은 민족이다. 전세계 어느 국가의 민족보다 노래 부르기를 좋아하고 춤추기를 좋아 한다. 삼국 시대 이전의 기록들을 보더라도 한 해 농사가 끝난 다음에는 며칠씩 춤추고 노래하고 음식을 같이 먹었다는 기록이 있다. 우리처럼 신명이 많은 사람들이 있을까? 우리에게는 마음 속 깊이 우러나와서 즐거이 행동하는 것에 남다른 점이 있다. 이러한 신명과 흥을 가지고 나와 우리를 위해 열심히 노력한다면 무엇이 불가능하겠는가. 우리는 모든 역경을 극복하고 다시 이 세계에서 가장 모범적인 국가와 사회를 이룰 수 있다고 확신한다.